I0762552

DK

COSAS LOCAS DEL CUERPO HUMANO

Escrito por **EMMA YOUNG**

Ilustrado por **SUPER FREAK**

ÍNDICE

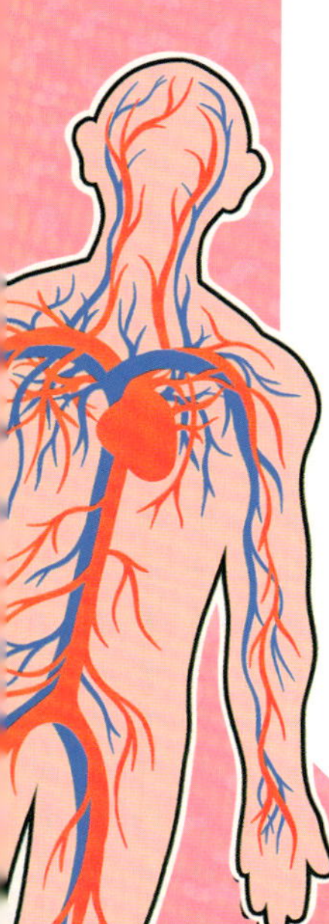

Advertencia: Este libro aborda algunas preguntas divertidas y descabelladas sobre el cuerpo humano. No son experimentos para probar y la editorial no se hace responsable de ninguna lesión o daño que pudieras sufrir si intentaras hacerlos.

¿Qué pasaría si tuvieras todo el cuerpo cubierto de pelo?

Imagina tener un pelo muy grueso por todo el cuerpo, como si fueras una vaca de las Tierras Altas de Escocia. Ya no volverías a oír eso de «¡Ponte el abrigo!». Y no te regañarían por ensuciarte la ropa, ¡porque no tendrías! Pero ¿sería diferente tu vida en otros aspectos?

Zonas peludas

En tu cuerpo hay zonas con pelo más grueso, pero ¿para qué sirve de verdad? Las partes más peludas son:

- **La cabeza:** tienes unos 100 000 pelos en la cabeza. Te mantienen la cabeza calentita cuando hace frío y te protegen del calor del sol.
- **Las pestañas:** tienes unas 420 pestañas. Una de sus funciones es proteger los ojos del polvo.
- **Las cejas:** tienes unos 600 pelos en las cejas. También atrapan el polvo y el sudor.

En las pestañas pueden vivir ácaros diminutos.

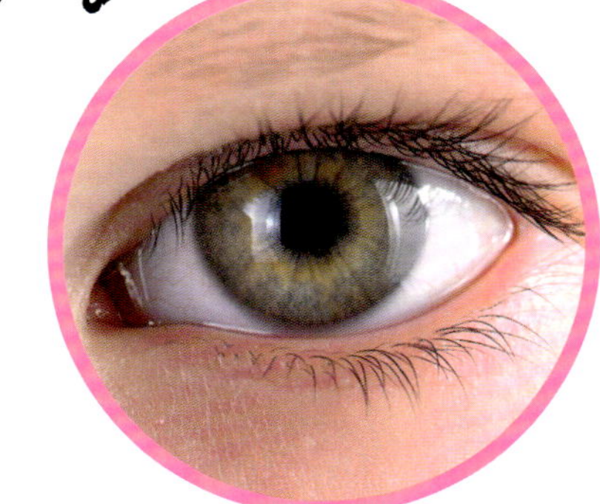

Unas cejas increíbles

Las cejas tienen otros usos, además de retener el polvo. Nos ayudan a expresar sentimientos a los demás. Cuando nos sorprendemos, levantamos las cejas. Cuando nos enfadamos, las fruncimos. También son superútiles para reconocernos los unos a los otros.

Las únicas partes del cuerpo sin pelo ni vello son las palmas de las manos y las plantas de los pies.

Todo el pelo que se ve en la superficie de la piel está muerto (por eso no duele al cortarlo).

El pelo crece desde una raíz situada en la base.

Folículos pilosos

Tu pelo crece desde diminutos orificios en la piel, llamados folículos pilosos. Tenemos cinco millones de folículos repartidos por casi todo el cuerpo. En realidad, es más o menos la misma cantidad que los chimpancés, solo que nuestro pelo es MUCHO más fino que el suyo. Se cree que el pelo fino ayudó a nuestros antepasados a mantener el frescor cuando dejaron de vivir en los bosques para mudarse a zonas más abiertas y cálidas.

Los piojos pueden vivir en tu pelo y chuparte la sangre.

¿La respuesta?

De hecho, todo el cuerpo está casi completamente cubierto de pelo. Pero si todo ese pelo fuera grueso, no podrías mover las cejas para expresar cómo te sientes. También te costaría reconocer a tus amigos. Y pasarías mucho más calor. Además, ¡gastarías mucho más champú!

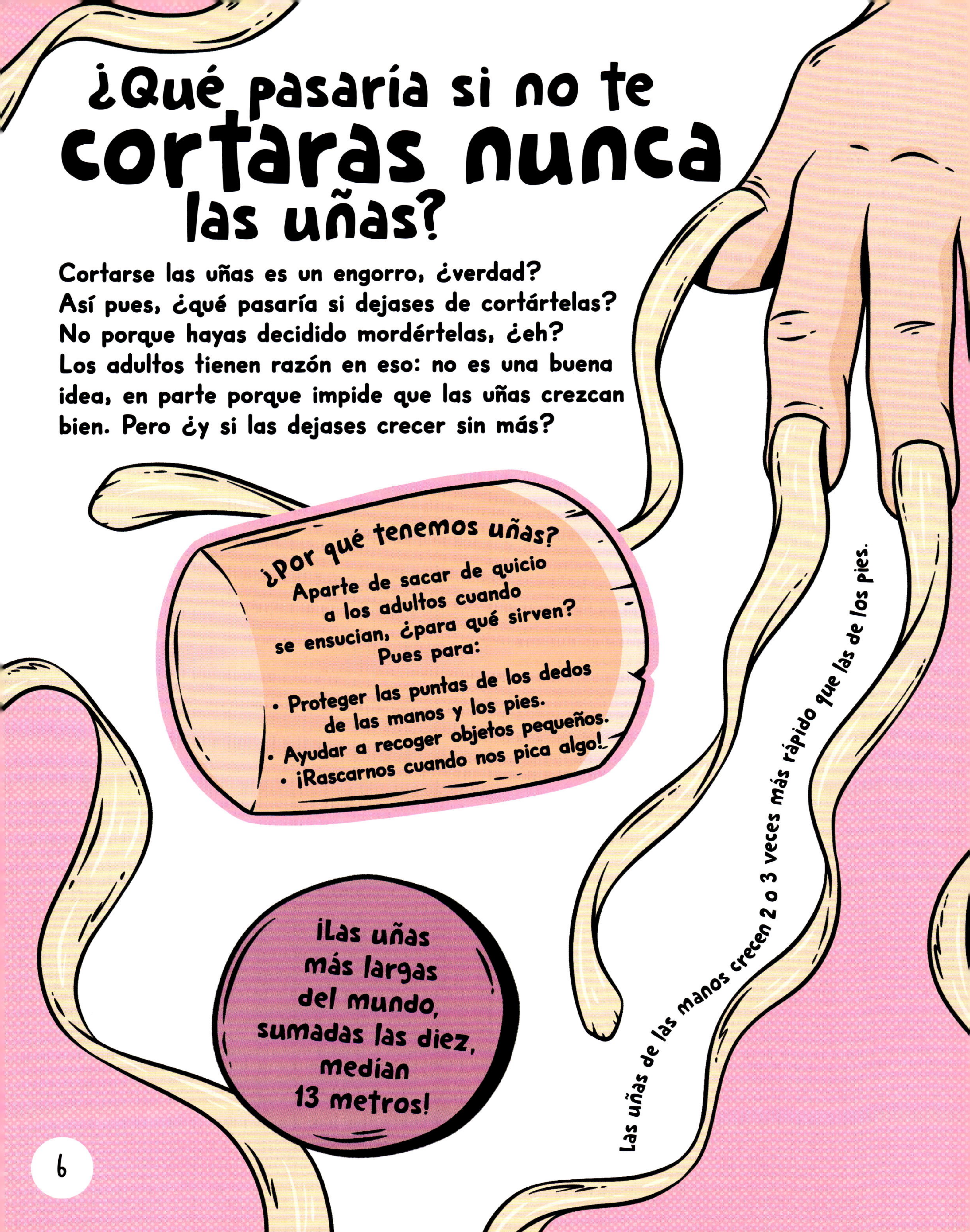

¿Qué pasaría si no te cortaras nunca las uñas?

Cortarse las uñas es un engorro, ¿verdad? Así pues, ¿qué pasaría si dejases de cortártelas? No porque hayas decidido mordértelas, ¿eh? Los adultos tienen razón en eso: no es una buena idea, en parte porque impide que las uñas crezcan bien. Pero ¿y si las dejases crecer sin más?

¿Por qué tenemos uñas?

Aparte de sacar de quicio a los adultos cuando se ensucian, ¿para qué sirven? Pues para:

- Proteger las puntas de los dedos de las manos y los pies.
- Ayudar a recoger objetos pequeños.
- ¡Rascarnos cuando nos pica algo!

¡Las uñas más largas del mundo, sumadas las diez, medían 13 metros!

Las uñas de las manos crecen 2 o 3 veces más rápido que las de los pies.

Uñas y garras

Las uñas están hechas principalmente de una sustancia dura llamada queratina. Lo mismo ocurre con las garras de los gatos, las patas de las águilas y la parte exterior de las pezuñas de los caballos. También hay queratina en el pelo y hasta en la capa superior de la piel. Las uñas de la mayoría de los animales se desgastan con el uso, por lo que no hace falta cortarlas.

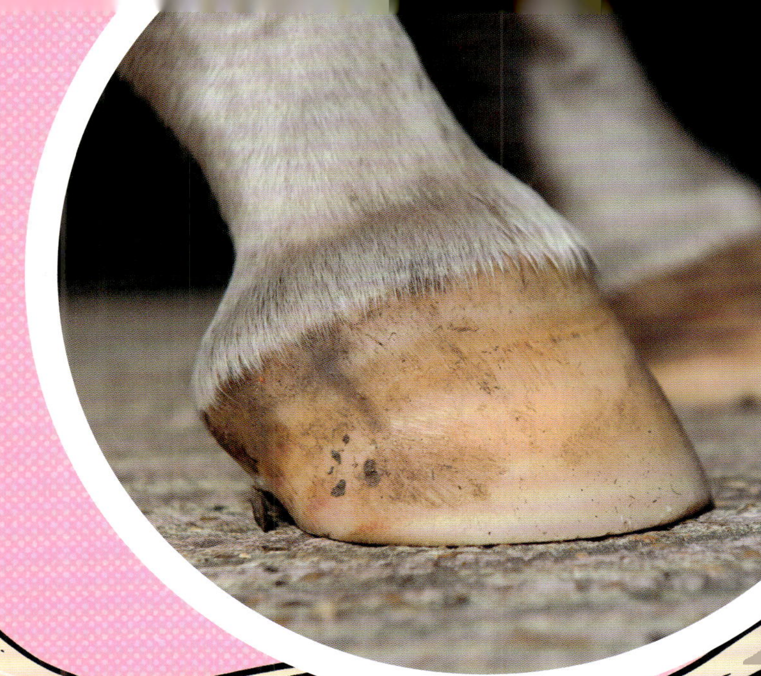

La uña que sobresale al final se seca y se vuelve blanca.

Esta parte está unida a la piel que hay debajo.

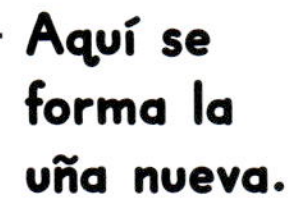

Aquí se forma la uña nueva.

Crecimiento constante

Al igual que el pelo, las uñas crecen desde abajo, no desde arriba. Las raíces están ocultas bajo la piel, justo en la base de las uñas. A medida que se forma una uña nueva, empuja hacia fuera la parte más antigua. Esta parte más antigua se vuelve más plana y dura, y la uña se alarga. El pelo, más vago, deja de crecer con el tiempo, pero las uñas no. Si no las cortas y no se rompen, seguirán creciendo sin parar.

¿La respuesta?

Si no te cortaras las uñas, seguirían creciendo. Pero si quieres batir el récord mundial de las uñas más largas, no te será fácil. Cada una tendría que medir aproximadamente lo que mides tú ahora y te costaría vestirte, escribir y hacer muchas otras cosas.

¿Qué pasaría si pudieras quitarte LA PIEL?

Si estás pensando que no es buena idea, tienes razón. Si te miraras al espejo, te verías superdiferente: verías tiras brillantes de músculos, huesos y las partes duras de la nariz. La buena noticia es que no se te caería nada: tus órganos, músculos, etc., permanecerían en su sitio. Y chimpón: ahí se acaban las buenas noticias.

¡Prohibida la entrada!

La piel que ves es solo la capa superior. Es muy fina, pero está formada por bloques minúsculos del mismo material duro que las uñas. Su función es impedir que entren en tu cuerpo cosas como los gérmenes, el agua y la suciedad. Si perdieras esta capa, la lluvia te empaparía.

Gran parte del polvo que hay por casa es piel muerta. A lo largo de tu vida, perderás unos 35 kg.

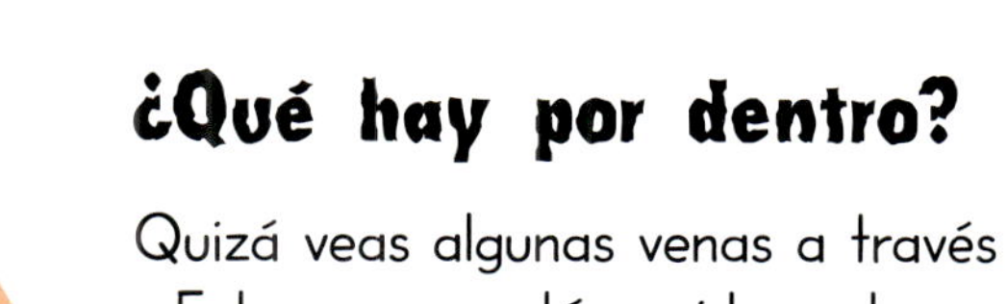

¿Qué hay por dentro?

Quizá veas algunas venas a través de la piel. Estas venas están unidas a la parte inferior de la piel y conectadas a venas más grandes y profundas. Si te quitaras la piel, las venas que ves se desprenderían de esas venas más grandes y profundas... ¡y la sangre saldría a borbotones por doquier!

La piel más fina está en los párpados.

Bajo la superficie

La piel tiene tres capas. La capa superior es una barrera. La capa intermedia tiene muchas funciones: alberga las células que te permiten sentir el tacto, las células que combaten los gérmenes, las raíces del pelo, los vasos sanguíneos y las glándulas que producen el sudor. La capa inferior es principalmente grasa. Esta capa es fina en los dedos, pero más gruesa en el abdomen. La grasa te mantiene caliente y produce una vitamina importante llamada vitamina D.

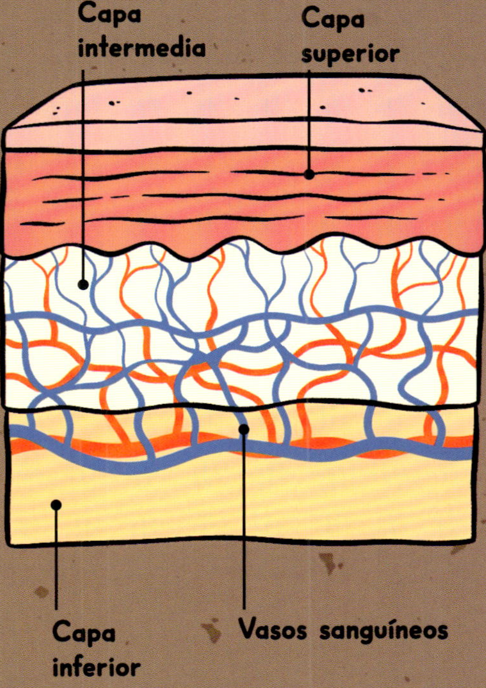

¿La respuesta?

Perderías el calor corporal y el sentido del tacto de inmediato. Y los gérmenes entrarían fácilmente en tu cuerpo. Pero lo más importante es que se derramaría toda la sangre. Y, sí, ¡morirías!

¿Qué pasaría si se te convirtieran los huesos en gelatina?

¡Puaj! Imagínate que los huesos de los brazos, las piernas, la columna vertebral y hasta la cabeza se convirtieran en una gelatina bamboleante... No hace falta que te diga que te verías en un buen lío. ¡Pero te sorprendería saber qué tipo de lío!

El hueso más pequeño, que está en el oído, tiene el tamaño de un grano de arroz.

Los huesos pueden parecer muertos, ¡pero están muy vivos!

Duros de roer

Los huesos tienen varias partes que les ayudan a cumplir su función. Tienen:

- **Una capa exterior dura y resistente.** Les da fuerza y hace que no se rompan con cada golpe.
- **Un núcleo lleno de agujeritos.** Los agujeritos permiten que la sangre fluya por el hueso y hacen que el esqueleto sea lo bastante ligero para que puedas llevarlo contigo.

Dentro del hueso

En el interior de la mayoría de los huesos grandes hay una sustancia blanda y grasa. Se llama «médula ósea» y tiene una función muy importante: produce pequeñas células que se convierten en: glóbulos rojos (que transportan el oxígeno vital por todo el cuerpo), glóbulos blancos (que combaten las infecciones) y plaquetas (que detienen el sangrado de las heridas).

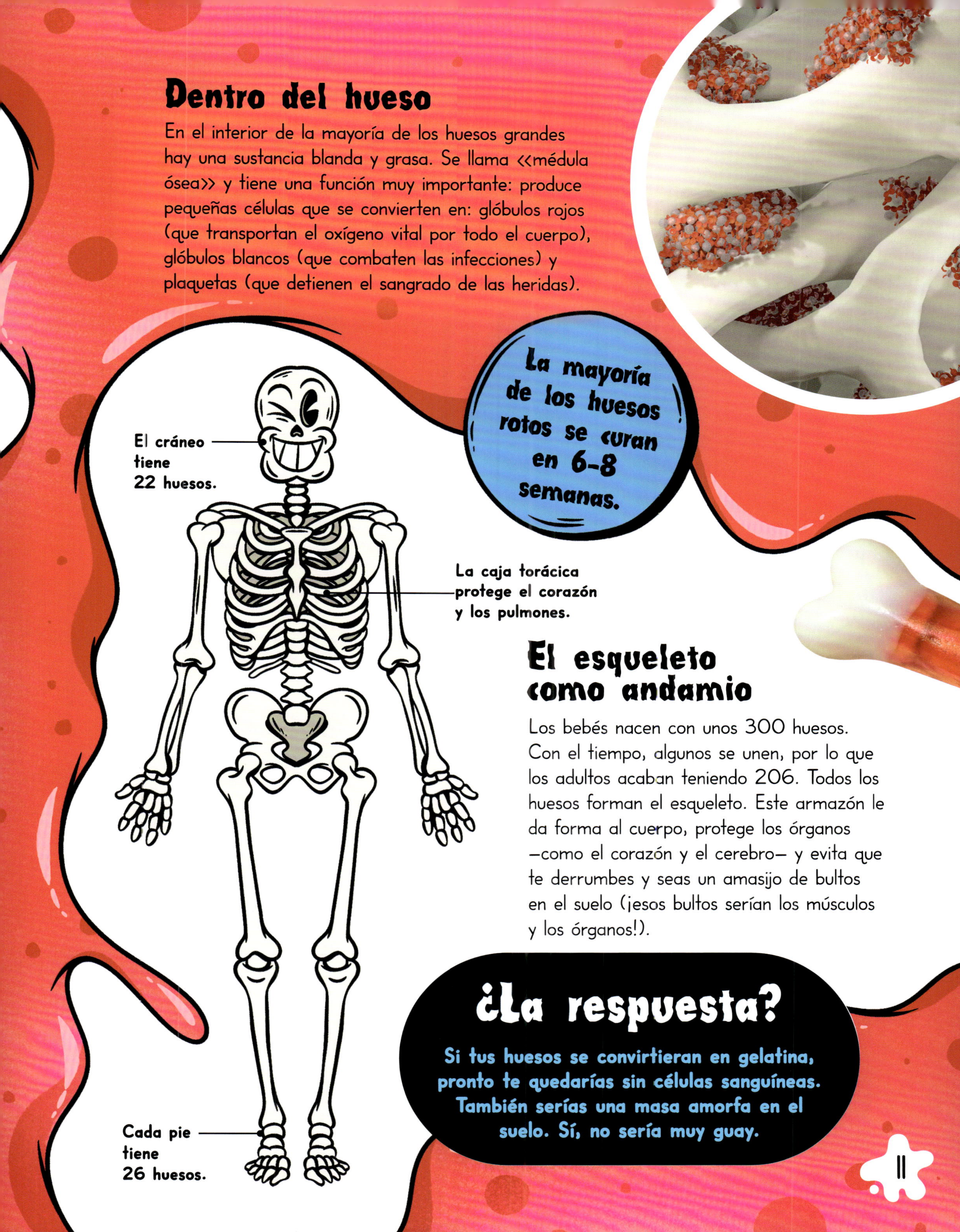

El esqueleto como andamio

Los bebés nacen con unos 300 huesos. Con el tiempo, algunos se unen, por lo que los adultos acaban teniendo 206. Todos los huesos forman el esqueleto. Este armazón le da forma al cuerpo, protege los órganos —como el corazón y el cerebro— y evita que te derrumbes y seas un amasijo de bultos en el suelo (¡esos bultos serían los músculos y los órganos!).

¿La respuesta?

Si tus huesos se convirtieran en gelatina, pronto te quedarías sin células sanguíneas. También serías una masa amorfa en el suelo. Sí, no sería muy guay.

¿Qué pasaría si no tuvieras rodillas?

¿Cuántas veces te has caído y te has raspado las rodillas? ¿Quizá sería mejor no tenerlas? Nadie te culparía por pensarlo, pero esas rodillas huesudas pueden ser la mar de útiles. ¡Sobre todo para jugar al aire libre!

¡El avestruz tiene dos rótulas en cada pata!

¡A la rica rodilla!

Hay muchas cosas que no podrías hacer sin rodillas. Si no pudieras doblar las piernas, no podrías:

- Chutar un balón
- Montar en bici
- Saltar en una cama elástica
- Subirte a un tobogán
- Sentarte en un sofá, ¡a menos que te tiraras hacia atrás y cruzases los dedos!

La rodilla es la articulación **más grande** del cuerpo.

Dobla y flexiona

El lugar donde se unen dos huesos se llama articulación. Hay muchas articulaciones entre los huesos de la columna vertebral, que recorre toda la espalda. Así puedes doblar la espalda para tocarte los dedos de los pies o para hacer una voltereta hacia delante. Otras articulaciones son los hombros, los codos, los tobillos y las rodillas. Sin los codos, no podrías doblar los brazos. Sin las rodillas, no podrías doblar las piernas.

La rodilla por dentro

La rodilla es la zona donde el hueso del muslo (el fémur) se une con el hueso de la espinilla (la tibia). La rótula se encuentra sobre la articulación de la rodilla. Es la parte del hueso que da un golpe cuando caes de rodillas. Sin embargo, esa es una de sus principales funciones: proteger la articulación. También te ayuda a doblar y estirar la pierna. Unas estructuras resistentes similares a cuerdas llamadas ligamentos mantienen unidos los huesos de una articulación.

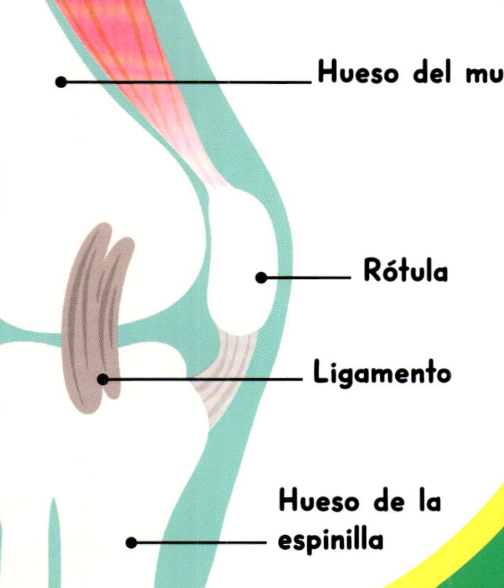

¿La respuesta?

Si no tuvieras rodillas, no te las podrías raspar..., pero tampoco podrías hacer todo tipo de cosas divertidas del día a día. ¡Es mejor conservarlas!

¿Qué pasaría si tuvieras los dientes de un hipopótamo?

Los hipopótamos tienen unas mandíbulas de aúpa. ¿Quién no querría tener esos dientes tan grandes y puntiagudos, verdad? Pues tú mejor que no. Aunque con esos dientes ganarías el primer premio en cualquier concurso de imitadores de monstruos, son bastante inútiles a la hora de comer...

A los enormes caninos de los hipopótamos también se les llama **colmillos**.

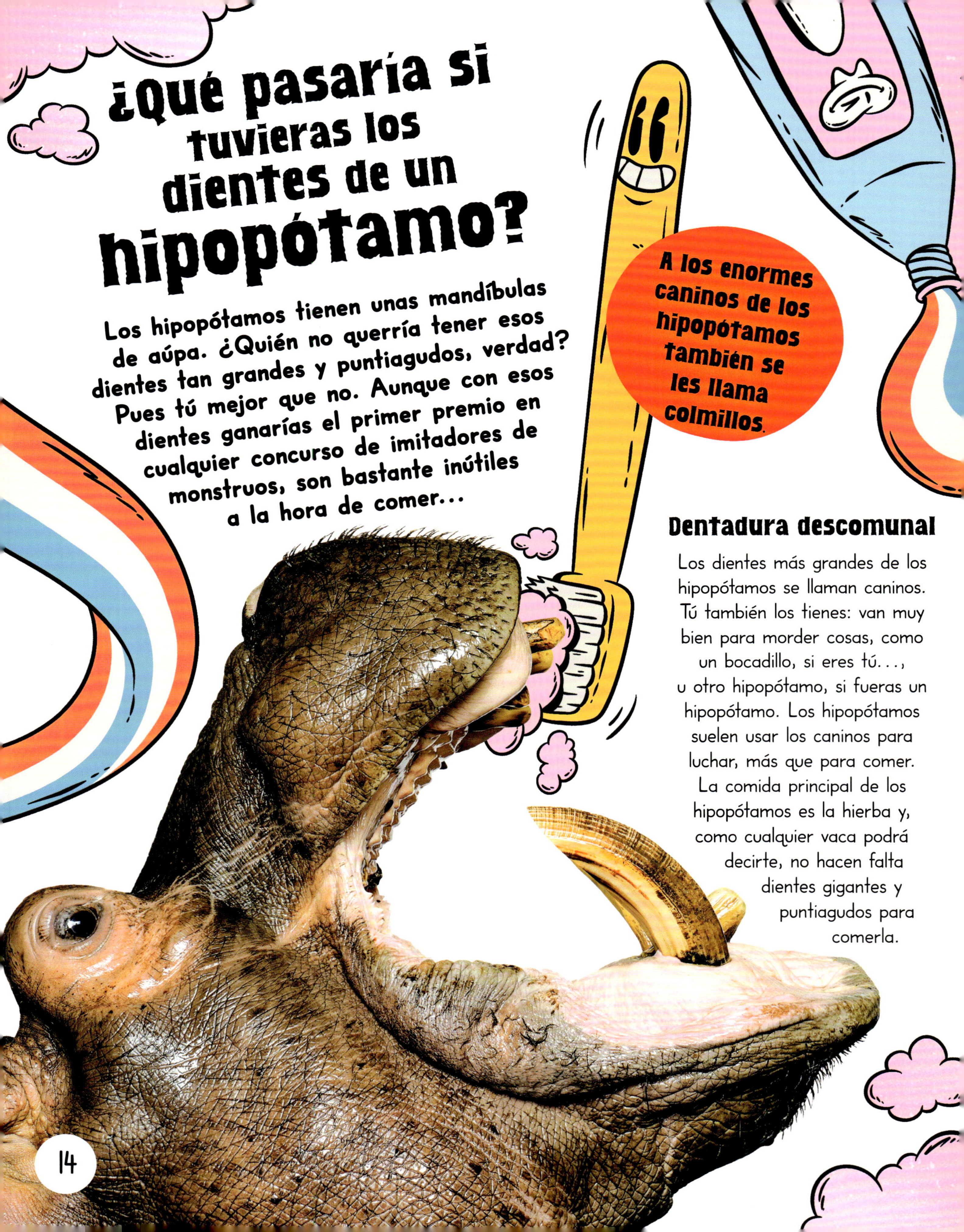

Dentadura descomunal

Los dientes más grandes de los hipopótamos se llaman caninos. Tú también los tienes: van muy bien para morder cosas, como un bocadillo, si eres tú..., u otro hipopótamo, si fueras un hipopótamo. Los hipopótamos suelen usar los caninos para luchar, más que para comer. La comida principal de los hipopótamos es la hierba y, como cualquier vaca podrá decirte, no hacen falta dientes gigantes y puntiagudos para comerla.

Mastica y tritura

La mayoría de los herbívoros mueven la mandíbula de un lado a otro al comer. Esto les ayuda a moler la hierba dura entre los molares, que son los dientes más planos de la parte posterior de la boca. Tú tienes molares. Los hipopótamos también, pero, cuando cierran la boca, se interponen los enormes caninos y solo pueden masticar hacia arriba y hacia abajo.

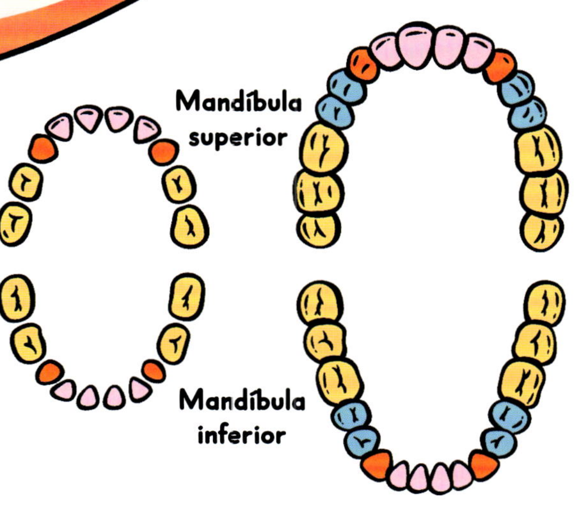

Dientes de leche

Dientes definitivos

Incisivos: van bien para cortar y morder trozos de comida.

Caninos: son estupendos para desgarrar la comida.

Molares: sirven para triturar y moler.

Premolares: son una mezcla entre los caninos y los molares, y sirven tanto para desgarrar como para moler.

Tipos de dientes

Los niños tienen 20 dientes de leche. Por lo general, empiezan a caer a los seis años. Poco a poco, son sustituidos por dientes permanentes más grandes. Los adultos tienen doce dientes más, lo que hace un total de 32. Además de los caninos y los molares, hay otros dos tipos de dientes: los incisivos y los premolares. Cada tipo tiene una función distinta.

El esmalte dental (la parte blanca) es el material más duro del cuerpo.

¿La respuesta?

No, no te gustaría tener los dientes de un hipopótamo. ¡Es sorprendente que puedan comer, incluso!

¿Qué pasaría si no produjeras mocos?

Cada día produces un litro (cuatro vasos grandes) de moco.

Seguro que sé lo que estás pensando: si no hay mocos, no te los puedes sacar. Pero créeme, si tu cuerpo no produjera moco, eso sería lo último que te preocuparía. Aunque pueda parecer una sustancia viscosa e inútil, tiene tantas funciones que, en comparación, nosotros parecemos superperezosos…

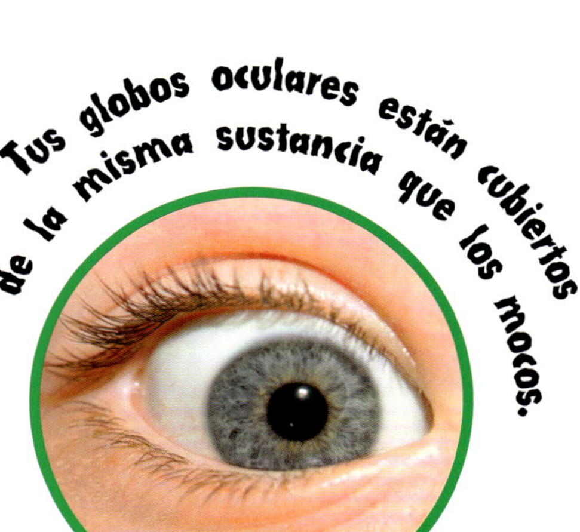

Tus globos oculares están cubiertos de la misma sustancia que los mocos.

Un moco no tan loco

El moco también se llama «mucosidad». Está hecho principalmente de agua y otras sustancias químicas. Esta mucosidad viscosa tiene funciones muy importantes:

* Atrapa la suciedad, el polvo y las bacterias.
* Mantiene húmeda la delicada membrana que recubre las fosas nasales.
* Contiene agentes matagérmenes y evita que enfermes.

Sacamocos

Aunque sacarse los mocos es tentador, puede que estén llenos de bacterias. Estas bacterias se pegan a los dedos, se quedan bajo las uñas y luego se adhieren a todo lo que toques para comer, así que es mejor dejarlos en un pañuelo de papel.

Tragamocos

Las infecciones y las alergias pueden hacer que el moco se vuelva espeso. Sin embargo, normalmente es fino y transparente. Los gérmenes que respiras se adhieren a él, que los arrastra a la parte posterior de la garganta para tragarlos. Así que... sí, eres un tragamocos. ¡Y tu profe también! Si la mucosidad de la nariz se empieza a secar antes de llegar a la garganta, se puede quedar allí. Esta es la primera etapa de la formación de un moco seco.

Las bacterias se inhalan por la nariz.

Quedan atrapadas por los mocos pegajosos.

Luego, las bacterias se tragan, ya sin peligro.

¿La respuesta?

Los mocos viscosos son fundamentales para una buena salud. Si no los produjeras, se te secaría la nariz, te dolería y te saldría sangre. Además, tendrías más infecciones, por lo que enfermarías más a menudo.

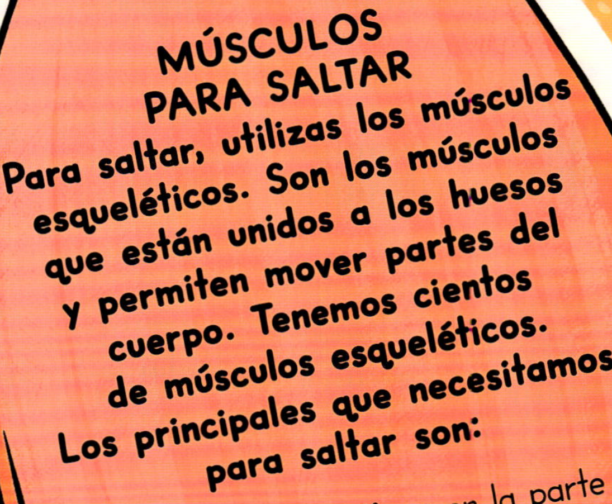

MÚSCULOS PARA SALTAR

Para saltar, utilizas los músculos esqueléticos. Son los músculos que están unidos a los huesos y permiten mover partes del cuerpo. Tenemos cientos de músculos esqueléticos. Los principales que necesitamos para saltar son:

- **Pantorrillas:** en la parte posterior de las piernas.
- **Isquiotibiales:** se extienden por la parte posterior de los muslos.
- **Cuádriceps:** en la parte delantera de los muslos.
- **Glúteos:** los músculos de las nalgas.

¿Qué pasaría si empezaras a ir a todas partes saltando?

Caminamos mucho, así que, ¿por qué no probar algo diferente? Los conejos saltan. Los canguros saltan. Los ratones canguro se llaman así por su forma de ir saltando de un sitio a otro. Estos animales saltan como un resorte utilizando ambas patas al mismo tiempo. Sin embargo, para ti es más fácil saltar con una sola pierna...

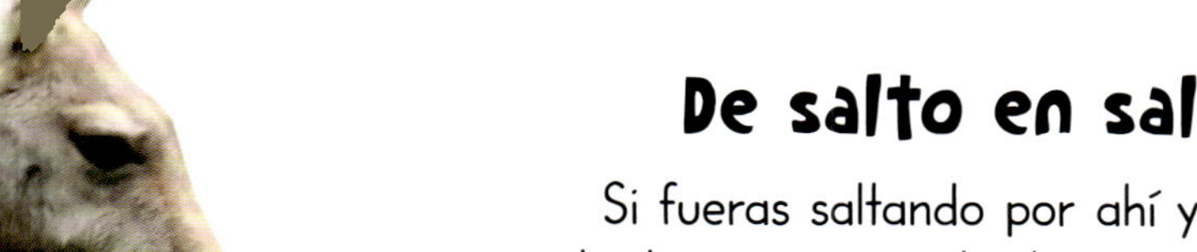

De salto en salto

Si fueras saltando por ahí y, por lo tanto, usases mucho los músculos que intervienen en el salto, estos se desarrollarían y almacenarían más energía. Con el tiempo, podrías saltar durante más tiempo antes de agotar esa energía y sentir cansancio.

Los glúteos son los músculos más grandes del cuerpo.

Para doblar la rodilla se contraen los isquiotibiales, en la parte posterior del muslo...,

y se relajan los cuádriceps, en la parte anterior.

Cómo saltar

Los músculos están formados por muchas fibras elásticas diminutas. Cuando queremos dar un salto, el cerebro envía patrones de señales a los músculos necesarios. Algunas significan «¡tensa!» y otras, «¡relaja!». Cuando un músculo se contrae, se acorta y tira del hueso al que está unido, y el hueso se mueve. Cuando se relaja, deja de tirar del hueso. Entonces, otro músculo puede tirar en la dirección opuesta.

¿La respuesta?

Podrías ir saltando a todas partes, pero tardarías un tiempo en fortalecer los músculos necesarios para saltar y llegar muy lejos. Y acabarías con las piernas asimétricas. La pierna con la que saltas desarrollaría unos músculos enormes y fuertes. ¡Los músculos de la otra pierna se atrofiarían!

¿Qué pasaría si te pasaras la vida bocabajo?

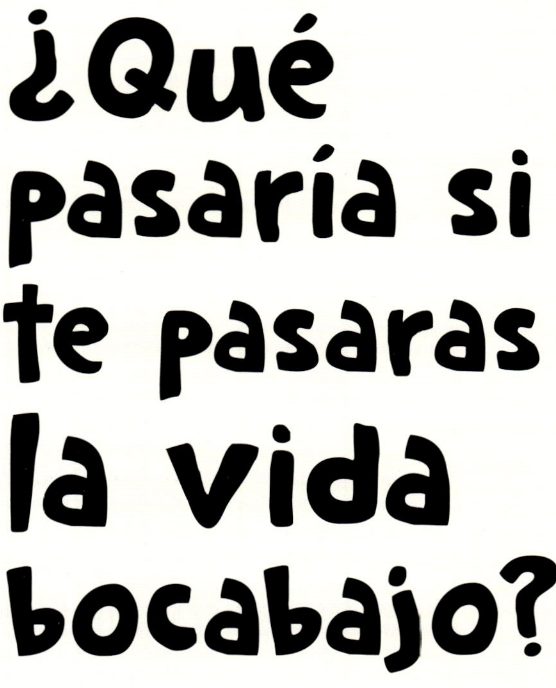

¡Imagina verlo todo al revés!

¿Te encanta colgarte de las rodillas en un parque infantil? ¿O dar vueltas en una montaña rusa? Entonces, ¿qué te parecería pasarte la vida bocabajo? Bueno, ya te adelantamos que habría algunas desventajas bastante importantes...

Menudo viajecito

En 2024, la atracción de un parque de atracciones en EE. UU. se detuvo de golpe y 32 personas quedaron suspendidas bocabajo durante nueve minutos. Para las personas sanas, no debería causar ningún problema a largo plazo. Sin embargo, pronto empieza a ser peligroso.

Esfuerzo cerebral

A medida que pasamos tiempo bocabajo, el cerebro comienza a hincharse. Empiezan los mareos, la visión borrosa y un fuerte dolor de cabeza. Pronto se produce una hemorragia cerebral y la sangre se acumula en el corazón. A las cinco o seis horas, existe un riesgo real de muerte.

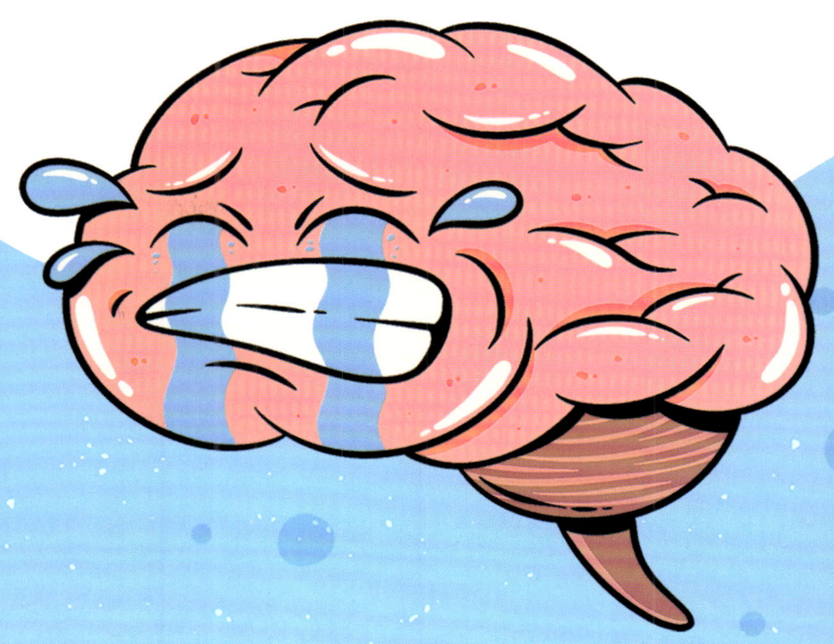

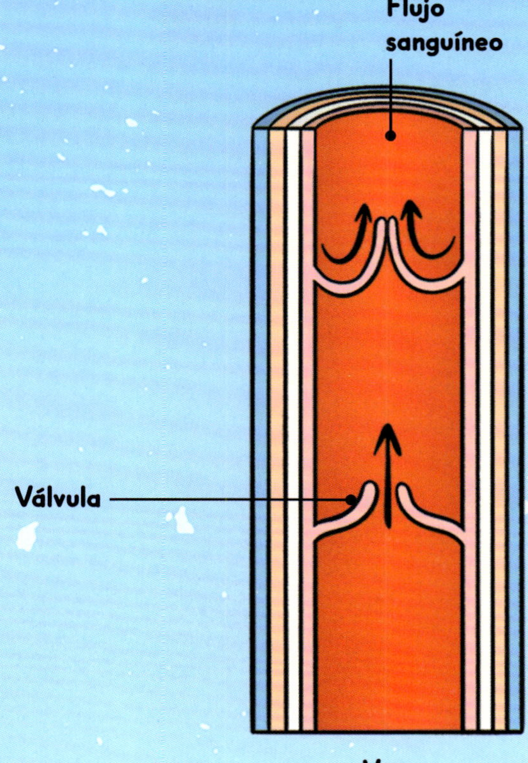

De pies a cabeza

El cuerpo se ha desarrollado para estar casi siempre de pie (o tumbado). Unas pequeñas válvulas situadas en las venas de las piernas impiden que la sangre se acumule en los pies. Y cuando los músculos de las piernas y los pies se mueven, ayudan a empujar esta sangre hacia el corazón. Como el cerebro está por encima del corazón, no necesita este sistema. La gravedad se ocupa del resto. Pero cuando te pones bocabajo, la sangre se empieza a acumular en el cerebro.

A diferencia de las personas, los murciélagos tienen válvulas venosas que impiden que la sangre se acumule en la cabeza.

¿La respuesta?

¡No lo hagas! A menos que estés en el espacio, claro. En el espacio hay tan poca gravedad que la sangre no se acumularía en la cabeza ni en el corazón, ¡así que estarías bien!

¿Qué pasaría si pudieras respirar bajo el agua?

Imagina saltar a una piscina o al mar y no tener que salir a respirar. Muchos animales obtienen el oxígeno que necesitan mientras están bajo el agua. Es el caso de los grandes tiburones blancos y también de los diminutos peces payaso. ¿Tan difícil puede ser?

Energía celular

Las células necesitan oxígeno para convertir la energía de los alimentos en combustible que puedan utilizar. Por desgracia, al hacerlo, se produce un residuo TÓXICO, un gas llamado dióxido de carbono. Tú, los tiburones y los peces payaso necesitáis una forma de introducir oxígeno y expulsar dióxido de carbono.

¿Branquias o pulmones?

La función de los pulmones es introducir oxígeno en el cuerpo y expulsar el dióxido de carbono. Los peces, incluidos los tiburones, tienen branquias en lugar de pulmones, que hacen la misma función bajo el agua. Cuando el agua fluye a través de las branquias, el oxígeno entra en la sangre y sale el dióxido de carbono.

El dióxido de carbono entra en los pulmones para que puedas expulsarlo al exhalar.

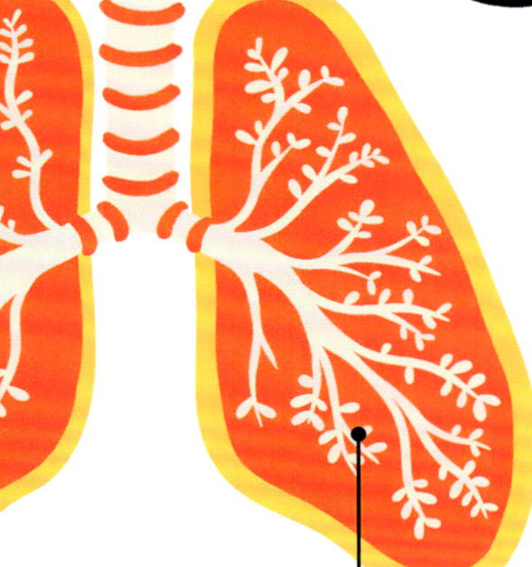

El oxígeno pasa a la sangre por las paredes de unas bolsitas de aire.

Entra oxígeno, sale dióxido de carbono

Tienes dos pulmones, ambos llenos de tubos de aire. Los tubos más pequeños tienen grupos de diminutas bolsas de aire en los extremos. Estas bolsas de aire están cubiertas de capilares (los vasos más pequeños que transportan sangre). Cuando inspiras, el aire fresco entra en estas bolsas. Luego, el oxígeno atraviesa sus finas paredes y pasa a la sangre. Mientras, el dióxido de carbono pasa de la sangre a las bolsas de aire, para que puedas expulsarlo al exhalar. Cuando sientes la necesidad de inspirar, es porque hay demasiado dióxido de carbono en tu cuerpo.

¡El récord mundial de aguantar la respiración es de 24 minutos 37 segundos!

¿La respuesta?

Las branquias de los peces no funcionan en el aire. Los pulmones no son aptos para el agua. Aunque sería increíble poder respirar bajo el agua —así pasarías horas contemplando a los peces—, no podrás hacerlo, salvo que lleves contigo una botella de buceo, claro.

Suministro de oxígeno

Todos los animales necesitan oxígeno para sobrevivir. Cada vez que inspiras, el oxígeno pasa de los pulmones a la sangre. Los glóbulos rojos lo captan al instante. Bueno, en realidad, lo capta una sustancia que se encuentra dentro de estas células llamada hemoglobina, que luego transporta el oxígeno a las células del cuerpo.

Cada glóbulo rojo contiene 270 MILLONES de partículas de hemoglobina.

¿Qué pasaría si la sangre se volviera azul?

Puede que sepas que los pulpos tienen sangre azul. Y sobreviven perfectamente. Aunque también tienen tres corazones y un cerebro con forma de rosquilla, ¡pero eso es otra historia! Tu sangre es roja siempre y hay una buena razón. Pero si los pulpos pueden sobrevivir con sangre azul, ¿tú también podrías?

El metal es clave

El ingrediente vital de la hemoglobina es el hierro. (Sí, el metal que todavía se utiliza para puertas y barandillas). Cuando este hierro se une al oxígeno y se fija en él, el resultado es un color rojo. En lugar de hierro, los pulpos utilizan otro metal, el cobre. Cuando el cobre se une al oxígeno, el resultado es un color azul.

Hematita (óxido de hierro)

Azurita (óxido de cobre)

Los que tienen menos oxígeno son de un rojo más oscuro.

Los glóbulos rojos con mucho oxígeno son de un rojo muy vivo.

La sangre del pulpo con mucho oxígeno es de un azul intenso.

Oxígeno

Oxígeno

Dirección de la sangre

¿Rojo o azul?

Los humanos obtenemos el oxígeno del aire, que tiene a raudales. Sin embargo, los pulpos viven en el agua, que contiene mucho menos oxígeno. El sistema que absorbe oxígeno de los pulpos transporta mucho más oxígeno que el nuestro. Esto es vital para los pulpos, pero no es necesario para nosotros. Aunque las venas parezcan azules a través de la piel, la sangre siempre es roja. Cuando está llena de oxígeno, se vuelve de un rojo vibrante. Cuando la sangre de los pulpos está llena de oxígeno, se vuelve de un azul intenso.

Los cangrejos herradura y los calamares también tienen sangre azul.

¿La respuesta?

Si tu sangre se ha vuelto azul, ¡podrías estar convirtiéndote en un pulpo! Sin embargo, el exceso de oxígeno es malo para el cuerpo, así que quizá también tendrás que mudarte al océano.

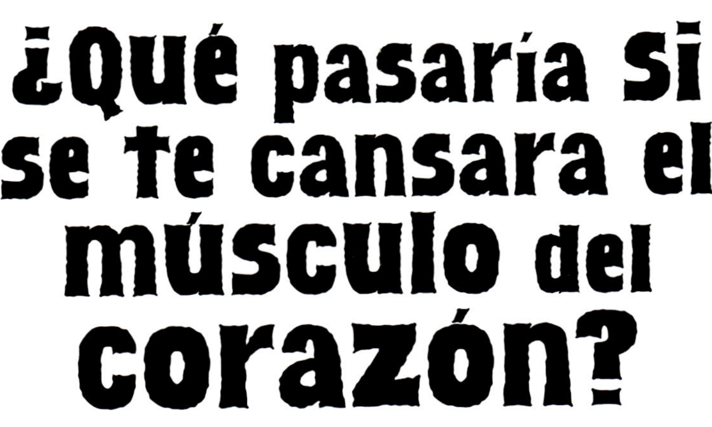

¿Qué pasaría si se te cansara el músculo del corazón?

Los músculos de los brazos y las piernas se cansan cuando los usas mucho, ¿verdad? Piensa en cómo te sientes después de pasarte el día en el parque. El corazón también está lleno de músculos, y estos músculos trabajan mucho más que los de los brazos y las piernas. ¡Pero nunca se cansan!

¡El corazón es grande como el puño!

Frecuencia cardíaca

La frecuencia cardíaca es el número de veces que el músculo del corazón se contrae, o «late», para bombear sangre por todo el cuerpo cada minuto. Mientras ves la tele, puede ser de unos 70 latidos por minuto. A menos que salgan arañas, en cuyo caso podría ir más rápido. En cualquier caso, el corazón nunca descansa, solo se acelera o se ralentiza.

Supermúsculo

El músculo cardíaco es especial. Recibe más sangre y, por tanto, más oxígeno, que los demás músculos. Además, las células están LLENAS de generadores de energía más diminutos que los de otros tipos de músculos. También cambia fácilmente entre TRES tipos distintos de combustible para obtener energía. Todo esto significa que el músculo cardíaco puede trabajar sin cansarse.

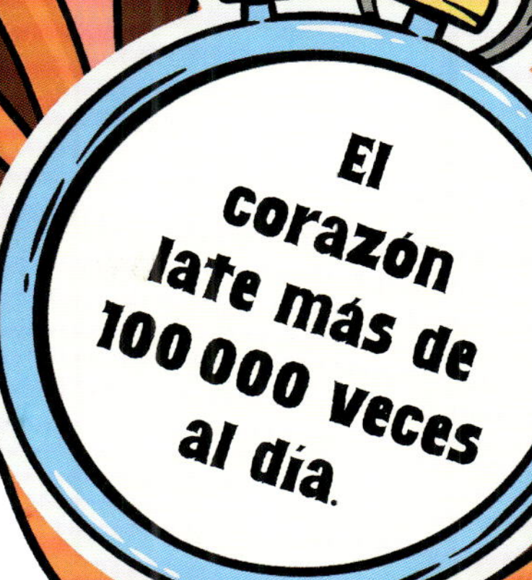

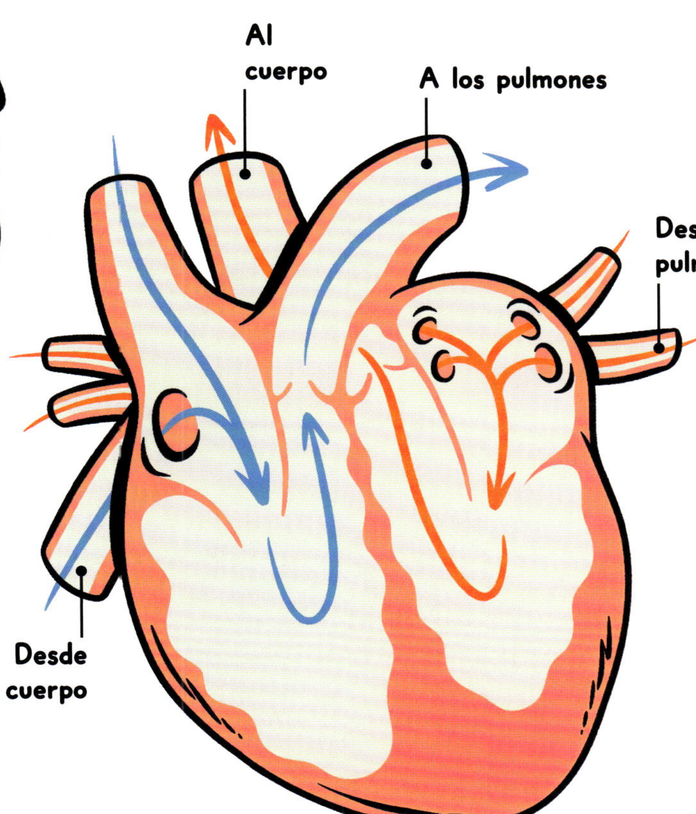

Bombeando sangre

Tu corazón es una bomba. Tiene una sola función: bombear sangre por todo el cuerpo. Empuja la sangre «usada» hacia los pulmones para que se oxigene y, al mismo tiempo, bombea sangre «fresca» por todo el cuerpo. Y lo hace todo de forma automática. ¡Mencs mal! Piensa en la de veces que olvidas ordenar tu cuarto o peinarte. Imagina si tuvieras que recordar cada segundo: «¡Corazón, late!».

La sangre «usada» que vuelve del cuerpo suele aparecer de color azul en los dibujos. Sin embargo, es roja. Solo que es un rojo más oscuro y apagado que la que está llena de oxígeno.

¿La respuesta?

La función del corazón es bombear sangre por todo el cuerpo para mantener las células vivas y en buen funcionamiento. Así pues, es bueno que el músculo no se canse. Si se cansara, te encontrarías fatal.

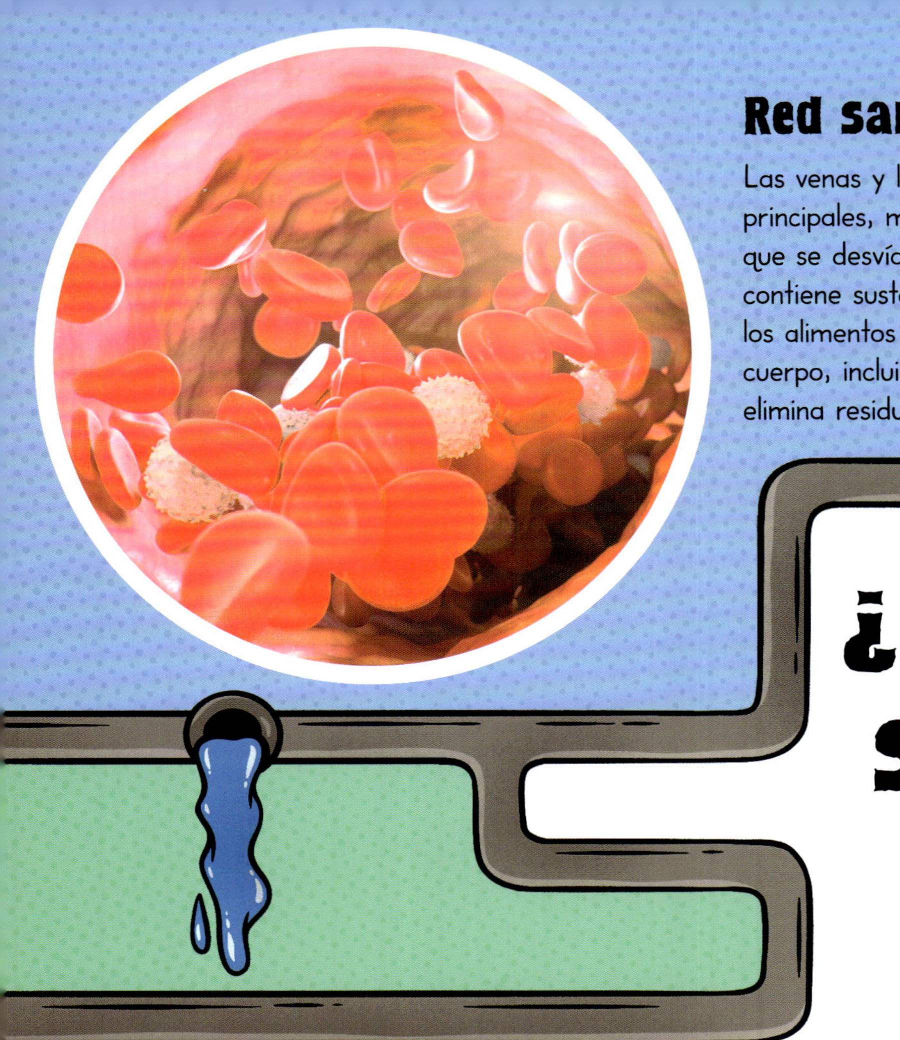

Red sanguínea

Las venas y las arterias son como carreteras principales, mientras que los capilares son como carriles que se desvían de ellas. Transportan la sangre, que contiene sustancias beneficiosas, como los nutrientes de los alimentos y el oxígeno, a casi todas las partes del cuerpo, incluidos los globos oculares. La sangre también elimina residuos peligrosos, como el dióxido de carbono.

¿Qué pasaría si las venas fueran de metal?

Cuando seas adulto, tendrás 100 000 km de vasos sanguíneos en el cuerpo, que bastarían para dar más de dos vueltas al mundo.

Las venas son tubos que transportan la valiosa sangre, al igual que las arterias y los capilares. Obviamente, si pierdes la sangre, morirás, así que ¿por qué estos tubos vitales están hechos de un material tan delicado y fácil de cortar? ¿Y si estuvieran hechos de acero resistente?

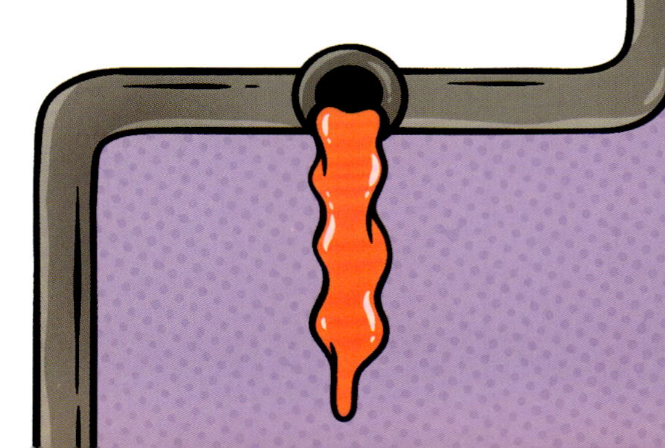

Paredes Finísimas

Cuando te cortas y ves sangre, es porque has cortado un capilar, una vena o incluso una arteria. Las paredes de las venas pueden tener unos 0,5 mm de grosor. ¡Eso es el grosor de unos cinco pelos! Suele decirse que las arterias son resistentes, que tienen paredes gruesas y fibrosas, pero eso es en comparación con las venas y los capilares, que son finísimos.

Vasos sanguíneos

Las arterias, los capilares y las venas son tipos de vasos sanguíneos, pero tienen funciones distintas. Las arterias transportan la sangre desde el corazón al resto del cuerpo. Se trata principalmente de sangre «fresca», rica en oxígeno. La sangre fresca viaja desde las arterias a una red de capilares diminutos que tienen unas paredes superfinas. El oxígeno y otras sustancias pueden atravesar estas paredes tan delgadas y llegar a las células (o salir de ellas). Las venas transportan la sangre «usada» de vuelta al corazón, que la envía a los pulmones para que se oxigene.

¿La respuesta?

Si las venas y otros vasos sanguíneos fueran de acero resistente, sería difícil cortarlos. Pero ninguna de las sustancias buenas, como el oxígeno, ni las malas, como el dióxido de carbono, podrían entrar o salir de la sangre, por lo que morirías en un visto y no visto. ¡Las venas metálicas también serían superpesadas!

¿Qué pasaría si se intercambiaran el hígado y la nariz?

El hígado se encuentra en el interior del cuerpo, justo encima del estómago. ¿Y la nariz? La nariz se desarrolló para funcionar en el aire, no dentro del cuerpo. Por lo tanto, no podrías oler los pasteles, los pedos ni nada. Pero ¿qué más cambiaría?

UN HÍGADO MUY OCUPADO

Tu hígado tiene muchas funciones. Entre otras cosas:

- Almacena azúcar.
- Descompone los glóbulos rojos viejos o dañados (y conserva el hierro para fabricar otros nuevos).
- Almacena algunas vitaminas.
- Limpia la sangre.
- Produce un líquido amarillo verdoso llamado bilis.

Dulce despensa

El hígado es como la tienda de golosinas del cuerpo. Almacena reservas de azúcar para cuando las necesitas. Cuando el nivel de azúcar en la sangre (glucosa) baja un poco —por ejemplo, varias horas después de comer o tras hacer mucha actividad física—, el hígado libera un poco más de azúcar.

El hígado suele estar en el lado derecho.

Multifunción

La producción de bilis es una de las funciones más importantes del hígado. Después de pasar al intestino delgado, la bilis actúa como un ninja químico sobre las grasas de los alimentos: las ataca y las destruye. Esta es una parte importante del proceso de incorporación de los fragmentos de grasa a la sangre para que el cuerpo pueda utilizarlos. El hígado también limpia la sangre y envía parte de los residuos y toxinas que recoge a la bilis, que los transporta hasta una salida maloliente, en la caca.

Hígado

Estómago

Vesícula biliar (almacena la bilis)

Conducto biliar (transporta la bilis)

Intestino delgado

¿La respuesta?

Primero, tener la nariz dentro significaría que no podrías oler nada. Y, segundo, tener el hígado fuera le impediría desempeñar sus funciones vitales, por lo que enfermarías muy rápido. Y, además, tendrías un órgano enorme que ocuparía gran parte de la cara. ¡Esperemos que no pase nunca!

Dura de roer

Tu estómago es como un túnel de lavado para coches. Solo que, en lugar de rodillos, tiene músculos ondulados. Y, en lugar de agua, expulsa ácido. Este tratamiento convierte en papilla la mayoría de los alimentos. Pero las células de la hierba tienen paredes muy gruesas y resistentes que son difíciles de descomponer. (Las células de la fibra de algodón tienen paredes aún más resistentes, por eso no puedes comerte una camiseta para desayunar).

El estómago de las vacas contiene bacterias que **DESCOMPONEN** la hierba y la convierten en azúcar.

¿Qué pasaría si comieras un plato de hierba?

La hierba es dura y las hojas o briznas tienen contornos afilados. Por lo tanto, masticarla no sería nada bueno para los dientes y la boca. Además, algunas hierbas son TÓXICAS. Incluso las no tóxicas podrían hacerte vomitar si las comieras. Pero si lograras retener algo dentro, ¿qué pasaría?

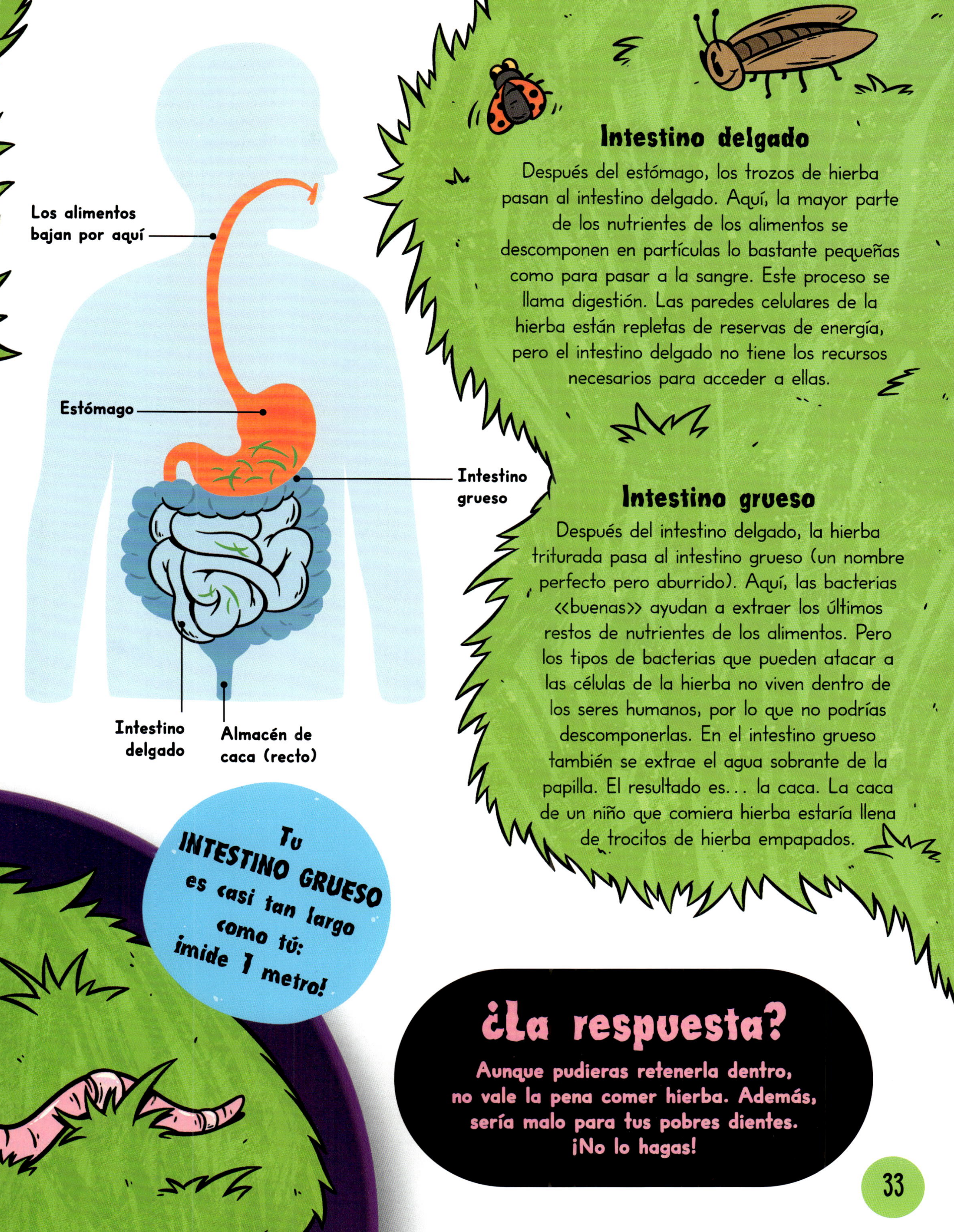

Intestino delgado

Después del estómago, los trozos de hierba pasan al intestino delgado. Aquí, la mayor parte de los nutrientes de los alimentos se descomponen en partículas lo bastante pequeñas como para pasar a la sangre. Este proceso se llama digestión. Las paredes celulares de la hierba están repletas de reservas de energía, pero el intestino delgado no tiene los recursos necesarios para acceder a ellas.

Intestino grueso

Después del intestino delgado, la hierba triturada pasa al intestino grueso (un nombre perfecto pero aburrido). Aquí, las bacterias «buenas» ayudan a extraer los últimos restos de nutrientes de los alimentos. Pero los tipos de bacterias que pueden atacar a las células de la hierba no viven dentro de los seres humanos, por lo que no podrías descomponerlas. En el intestino grueso también se extrae el agua sobrante de la papilla. El resultado es... la caca. La caca de un niño que comiera hierba estaría llena de trocitos de hierba empapados.

¿La respuesta?

Aunque pudieras retenerla dentro, no vale la pena comer hierba. Además, sería malo para tus pobres dientes. ¡No lo hagas!

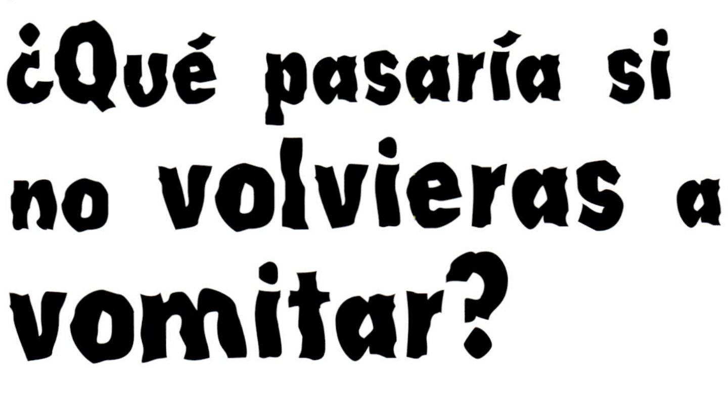

¿Qué pasaría si no volvieras a vomitar?

Cuando vomitas, el contenido del estómago sale por la boca. A veces, también por la nariz. A nadie le gusta. Es horrible y huele fatal, y puede hacerte daño en el estómago y quemarte la garganta. Si no volvieras a vomitar, serías feliz..., ¿verdad?

EL VÓMITO NARANJA ES ALIMENTO PARCIALMENTE DIGERIDO.

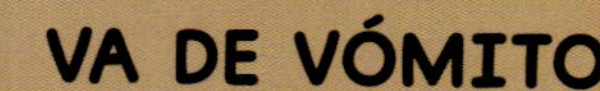

VA DE VÓMITO

Todas estas cosas pueden hacer que el cerebro emita la orden: «¡Vomita!»:

- Comida en mal estado
- Bebidas con gérmenes
- Infecciones
- Venenos

Lo ideal es expulsar todo lo malo antes de que pueda dañar el organismo. Por eso, incluso el olor a vómito puede hacerte vomitar. ¿Por qué? Porque si alguien a tu alrededor está vomitando, tu cerebro cree que se debe a algo que ha comido y que quizá tú has comido lo mismo, ¡así que mejor vomitar también!

Mareos

Marearse en el coche o en un barco es fatal. Se cree que pasa porque el movimiento oscilante crea unas sensaciones parecidas a las que provoca el veneno. Claro está, si has ingerido veneno, es buena idea eliminarlo. Por eso vomitas.

Contracción estomacal

Justo antes de vomitar, la boca se llena de saliva para protegerla del ácido del estómago que está a punto de llegar. Luego, la capa de músculos debajo de los pulmones, llamada diafragma, empuja el estómago. Las vías respiratorias se cierran para impedir que se respire el vómito. Y los músculos del abdomen comienzan a contraerse. ¿El resultado? ¡Lo que estaba abajo vuelve a subir!

¿La respuesta?

Aunque un movimiento oscilante no es una buena razón para vomitar, la mayoría sí que lo son. Si no vomitaras nunca, enfermarías más a menudo. Y si no eliminaras los gérmenes peligrosos o los venenos, ¡hasta podrías morir!

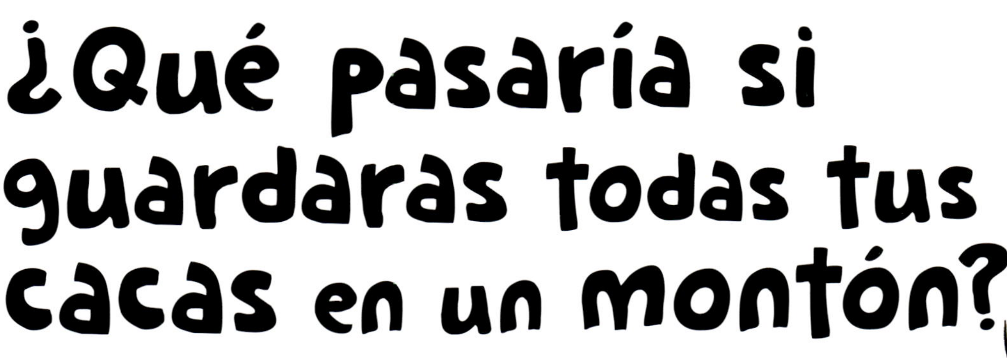

¿Qué pasaría si guardaras todas tus cacas en un montón?

¡Pues que sería un montón superapestoso! Pero ¿qué tamaño tendría? Cuanto más grande eres —y cuanto más creces—, más grande y pesada es la caca. Así pues, si tenemos en cuenta toda la caca que has hecho desde que naciste hasta los 10 años, por ejemplo, ¿cómo sería ese montón?

Caca diaria

Lo que comes influye mucho en la cantidad de caca que produce el cuerpo. Esto significa que hay una horquilla enorme en cuanto a lo que es «normal» defecar. Un niño de 8 años puede expulsar unos 150 g al día. Eso es lo que pesa una pelota de béisbol, pero esa caca ocuparía un poco más de espacio que una pelota.

Los alimentos azucarados hacen que la caca huela peor.

Correr ayuda a que las cacas se muevan por el cuerpo.

La prueba del maíz

Los alimentos tardan entre 24 y 36 horas en pasar de ser un manjar rico... a excremento. Compruébalo tú, ya verás. Come un poco de maíz dulce y apunta el día y la hora. Luego, presta atención a tus cacas. Busca el rastro de las cáscaras amarillas duras que recubren los granos.

Tipo 1:
Una caca dura y grumosa indica un estreñimiento grave.

Tipo 2:
También indica que no vas al baño lo suficiente.

Tipo 3:
Las cacas duras y agrietadas tampoco son ideales.

Tipo 4:
¡Hay que aspirar a una salchicha blanda y suave!

Tipo 5:
Las bolitas blandas indican que has comido más fibra de lo habitual.

Tipo 6:
La caca blanda está bien, si tú estás bien y hay alguna razón (como un exceso de fibra).

Tipo 7:
La caca líquida, llamada diarrea, puede indicar que tienes un virus estomacal.

La tabla de cacas

La caca es lo que queda cuando tu cuerpo ha extraído todos los nutrientes que puede de los alimentos y ha eliminado algunos residuos. Contiene: trozos de alimentos que no se pueden digerir, como las cáscaras del maíz; bacterias del intestino; agua, y una sustancia química marrón que se produce tras la descomposición de los glóbulos rojos viejos. Es lo que le da el color a la caca. Las cacas tienen formas distintas según lo que hayas comido o si tienes alguna enfermedad. La tabla de cacas te ayuda a entender lo que los excrementos dicen sobre tu organismo.

¿La respuesta?

Hay tanta variedad en lo que es normal (y saludable) que la cantidad de caca que produces a lo largo de tu vida podría ser mucho mayor, o menor, que la de tu mejor amigo o amiga. Aun así, a los 10 años, un niño o niña promedio puede haber producido unos 415 kg de caca. ¡Eso es lo que pesa un caballo!

Los médicos llaman «flatos» a los pedos.

¿Qué pasaría si no pudieras tirarte pedos?

¿Los pedos son...: a) divertidos o b) gases producidos por bacterias que se alimentan de restos de comida en el intestino? La respuesta es: sin duda «b» y, a veces, «a». Si no expulsaras estos gases intestinales, el mundo sería un lugar con un olor más agradable, pero también pasarían cosas bastante impactantes...

Pedos por la boca

Si no pudieras tirarte pedos, parte del gas se absorbería en la sangre. Luego iría a los pulmones, para que lo exhalaras. Esto haría que te apestara el aliento.

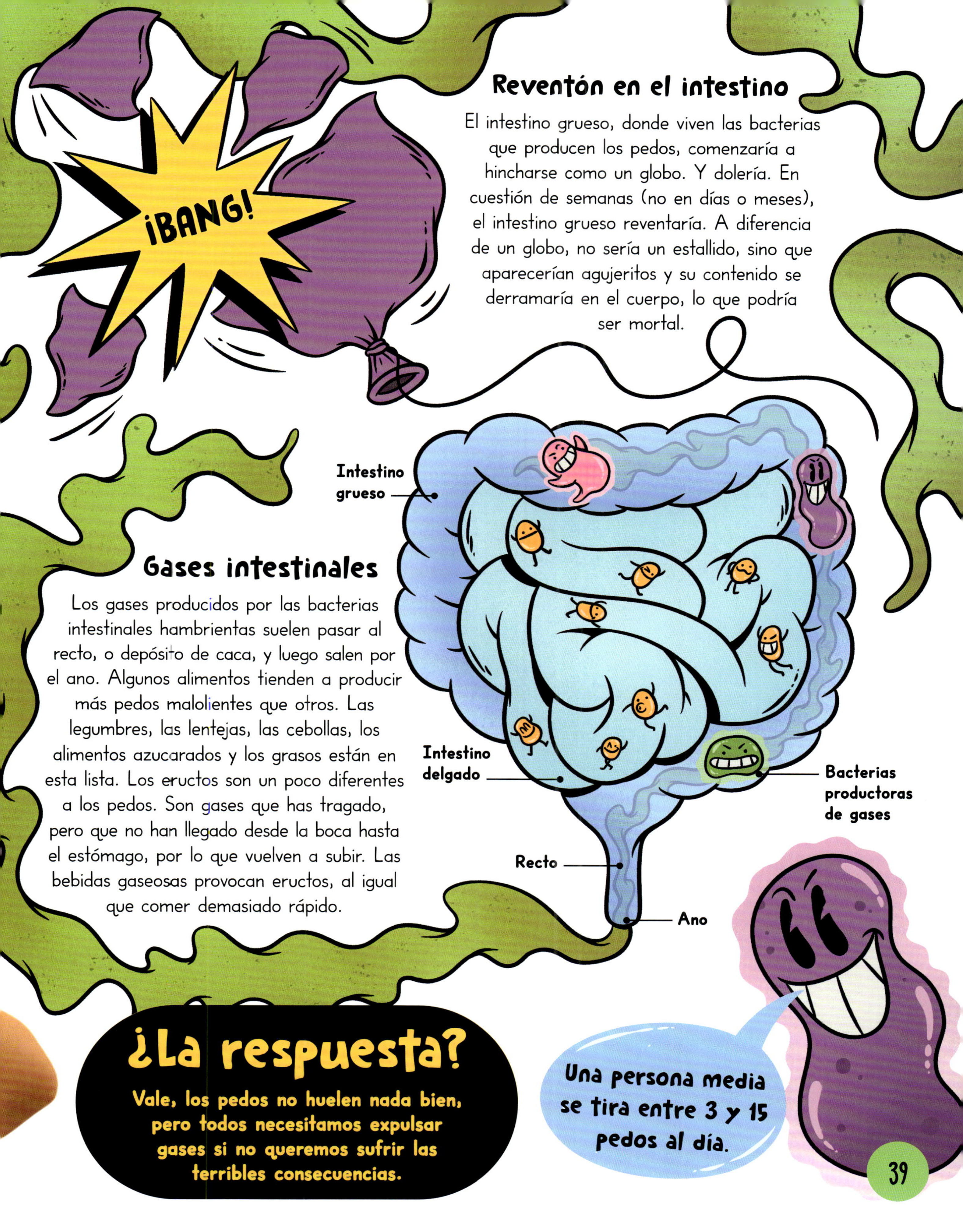

Reventón en el intestino

El intestino grueso, donde viven las bacterias que producen los pedos, comenzaría a hincharse como un globo. Y dolería. En cuestión de semanas (no en días o meses), el intestino grueso reventaría. A diferencia de un globo, no sería un estallido, sino que aparecerían agujeritos y su contenido se derramaría en el cuerpo, lo que podría ser mortal.

Gases intestinales

Los gases producidos por las bacterias intestinales hambrientas suelen pasar al recto, o depósito de caca, y luego salen por el ano. Algunos alimentos tienden a producir más pedos malolientes que otros. Las legumbres, las lentejas, las cebollas, los alimentos azucarados y los grasos están en esta lista. Los eructos son un poco diferentes a los pedos. Son gases que has tragado, pero que no han llegado desde la boca hasta el estómago, por lo que vuelven a subir. Las bebidas gaseosas provocan eructos, al igual que comer demasiado rápido.

¿La respuesta?

Vale, los pedos no huelen nada bien, pero todos necesitamos expulsar gases si no queremos sufrir las terribles consecuencias.

¿Qué pasaría si solo comieras cucarachas durante un año?

A algunos insectos hay que quitarles el caparazón exterior antes de comerlos, ya que pueden provocar asfixia.

Puede que las cucarachas no estén en el menú de tu zona, pero en algunos países, la gente las cría y se las come. De hecho, los insectos se consideran un alimento perfecto en muchas partes del mundo. Sin embargo, si comieras cucarachas y nada más, ¿qué pasaría?

Aperitivo nutritivo

Muchos insectos son una gran fuente de proteínas, que ayudan al crecimiento de los músculos, la piel y otras partes del cuerpo. También contienen grasas, que te aportan energía, y algunos minerales importantes, como el calcio (esencial para unos dientes y huesos fuertes), el hierro (para los glóbulos rojos y los músculos) y el zinc (necesario para crecer).

Algunos tipos de insectos son venenosos: ¡no comas bichitos que encuentres por ahí!

Insectos comestibles

¿Te tienta un almuerzo a base de langostas fritas, gusanos de harina o grillos? Estos populares insectos comestibles son alternativas a carnes como el pollo, el cerdo y la ternera, aunque algunas personas son alérgicas a los insectos. Además, son baratos y muy fáciles de criar. ¡No hacen falta campos! Sin embargo, solo los insectos criados en granjas son seguros para el consumo, y deben cocinarse para eliminar cualquier bacteria nociva que puedan contener.

¡Los insectos comestibles se suelen freír!

Otros

Grasas

Proteínas

Veinte al día

Un niño tendría que comerse unas 20 cucarachas silbadoras de Madagascar al día para obtener suficiente energía y mucha proteína. Sin embargo, las cucarachas no contienen todas las vitaminas que necesita el organismo para estar sano. Sin vitamina C, acabarías con huesos débiles, se te caerían los dientes y te sangrarían las encías.

¿La respuesta?

Al cabo de un año, tu cuerpo sufriría la falta de algunas vitaminas esenciales. Pero probablemente seguirías con vida. ¡Y darías lo que fuera por comer cualquier cosa distinta a una cucaracha!

¡AGUA A TOPE!
Eres agua. Sí, sí, ¡más de la mitad de tu peso corporal es AGUA! Entre otras cosas, el agua:
• Hace fluir la sangre.
• Mantiene las células en forma.
• Te permite eliminar los residuos por el pis.
• Te permite sudar para refrescarte.
• Forma la saliva en la boca... ¡y los mocos en la nariz!
Después de hacer mucho ejercicio, la leche es mejor que las bebidas deportivas para reponer los niveles de agua.
¿Qué pasaría si tuvieras alergia
Algunas personas son alérgicas al agua. La lluvia o un baño pueden provocarles una erupción cutánea con picazón, por lo que deben llevar mucho cuidado al lavarse. Sin embargo, esto no les ocurre en la garganta ni en el estómago cuando beben agua. Lo cual es muy bueno, como ahora veremos.

Hidrátate a menudo

¿Conoces esa sensación de tener que ir corriendo a por agua? Eso ocurre cuando la parte del cerebro que controla el agua activa la alarma de «SED». Cuando le das un buen trago, la alarma se apaga. Sin embargo, no esperes a sentir esa desesperación. Es importante para tu salud, y para tu rendimiento en clase, beber agua con regularidad.

Pérdida de agua

Perdemos agua por la boca cuando respiramos, por la piel cuando sudamos, en las lágrimas y en el pipí y la caca. A los niños se les dice que beban entre 6 y 8 vasos de líquido al día para mantener el nivel de hidratación. Pero si has estado corriendo o hace calor y has sudado mucho, necesitarás más agua que en días más tranquilos o frescos. Es importante reponer el agua que has perdido para mantener sano el organismo.

¿La respuesta?

Tu cuerpo está lleno de agua. Es esencial para la vida. Para las personas con una alergia cutánea al agua, la vida cotidiana puede ser complicada. Sin embargo, si tuvieras alergia al agua que bebes, morirías.

¿Qué pasaría si te bañaras en pis?

¡Suena asqueroso! Pero los antiguos romanos usaban orina humana para lavar la ropa. Lo mismo hacían los habitantes de Inglaterra en la época de la reina Victoria. Entonces, ¿deberías orinar en la bañera en lugar de abrir el grifo de agua?

¿Qué es el pis?

El pis es 95 % agua. Otro 2,5 % es «urea», una sustancia residual que se produce cuando el cuerpo descompone las proteínas de los alimentos. El resto está compuesto por otras cosas que el cuerpo quiere eliminar, como un ácido llamado ácido úrico y el exceso de azúcar.

Comer muchas zanahorias puede darle al pis un tono anaranjado.

Eau de orina

Cuando se deja reposar el pis, las bacterias se alimentan de la urea que contiene y producen una sustancia química maloliente llamada amoníaco. El amoníaco descompone la grasa. Por eso, antiguamente se utilizaba el pis viejo para eliminar las manchas de grasa de la ropa. Peeero el amoníaco y el ácido úrico del pis irritan la piel y pueden provocar escozor.

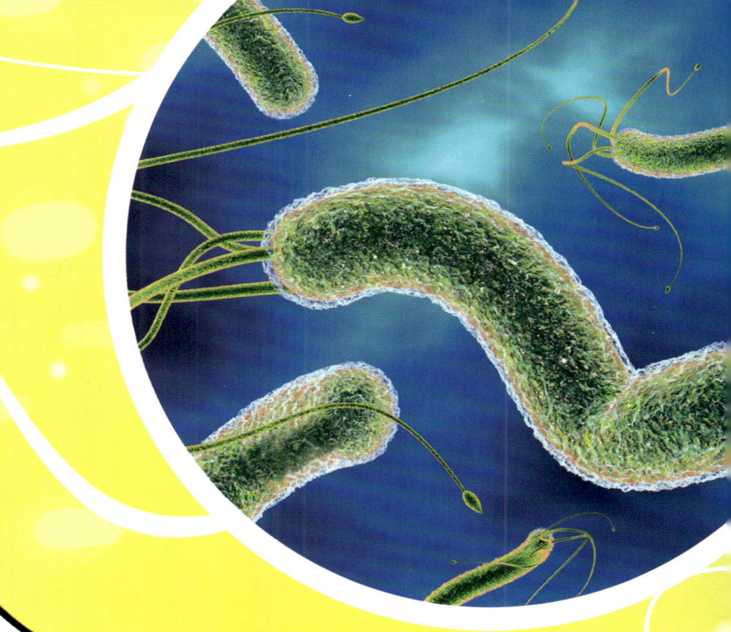

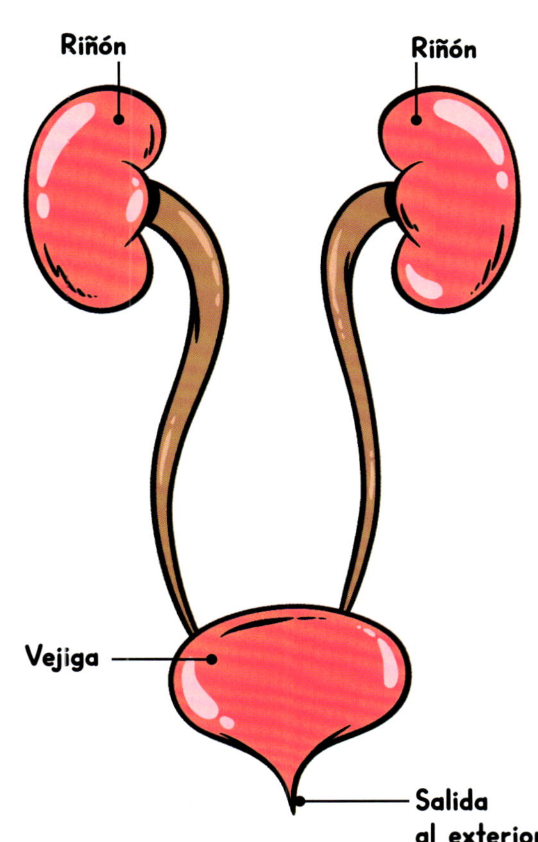

Cómo se hace el pis

Los riñones filtran la sangre para producir el pis, pipí u «orina». La orina viaja por unos conductos hasta la vejiga. Cuando la vejiga se llena, se hincha como un globo. Los sensores de estiramiento de la pared de la vejiga lo registran y envían señales al cerebro, y sientes ganas de hacer pis. Los niños suelen orinar más o menos un litro de líquido al día, que equivale a tres latas de refresco. Si bebes suficiente agua, será de color amarillo claro.

Tardarías unos seis meses en llenar una bañera con pis.

¿La respuesta?

Un baño rápido en orina no te haría daño, pero tampoco sería bueno para tu piel. Sin embargo, si te metieras en una bañera llena de orina durante horas, la piel se te pondría roja y te dolería. ¡No lo hagas!

Músculos en movimiento

Los músculos reciben instrucciones en forma de señales eléctricas. De hecho, el corazón solo late cuando una pequeña descarga eléctrica se lo indica. Si quieres lamer un helado, las señales eléctricas del cerebro viajan a gran velocidad por unas autopistas especiales, llamadas nervios, hasta los músculos adecuados de la lengua y la mandíbula para que se muevan.

Las descargas eléctricas se producen cuando tu cuerpo recibe más electricidad de la que está acostumbrado.

¿Qué pasaría si no tuvieras electricidad por dentro?

Los adultos siempre dicen a los niños que lleven mucho cuidado con los enchufes, y con razón. La electricidad puede matar. ¿Te sorprende que, ahora mismo, la electricidad esté fluyendo por tu interior?

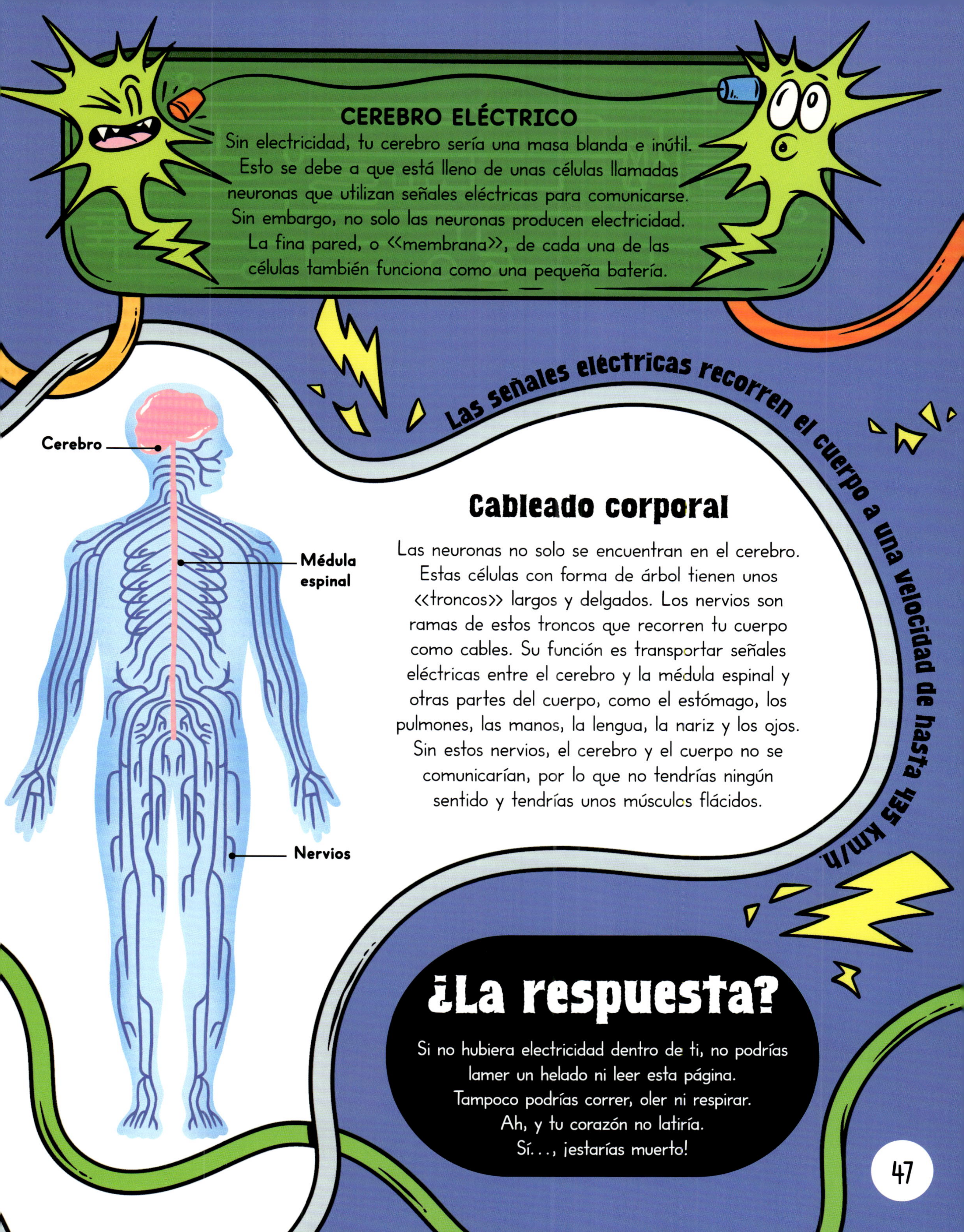

CEREBRO ELÉCTRICO

Sin electricidad, tu cerebro sería una masa blanda e inútil. Esto se debe a que está lleno de unas células llamadas neuronas que utilizan señales eléctricas para comunicarse. Sin embargo, no solo las neuronas producen electricidad. La fina pared, o «membrana», de cada una de las células también funciona como una pequeña batería.

Cableado corporal

Las neuronas no solo se encuentran en el cerebro. Estas células con forma de árbol tienen unos «troncos» largos y delgados. Los nervios son ramas de estos troncos que recorren tu cuerpo como cables. Su función es transportar señales eléctricas entre el cerebro y la médula espinal y otras partes del cuerpo, como el estómago, los pulmones, las manos, la lengua, la nariz y los ojos. Sin estos nervios, el cerebro y el cuerpo no se comunicarían, por lo que no tendrías ningún sentido y tendrías unos músculos flácidos.

¿La respuesta?

Si no hubiera electricidad dentro de ti, no podrías lamer un helado ni leer esta página. Tampoco podrías correr, oler ni respirar. Ah, y tu corazón no latiría. Sí..., ¡estarías muerto!

¿Qué pasaría si pudieras volverte INVISIBLE?

¿A que sería increíble? Piensa en todas las cosas que podrías hacer sin que nadie se enterara, ¡o sin que nadie supiera que eres tú! Hay infinidad de historias en las que aparecen prendas o joyas que hacen invisible a quien las lleva. Entonces, ¿podría suceder esto en la vida real?

Un globo ocular pesa lo mismo que un lápiz. Por dentro está lleno de una sustancia transparente y gelatinosa.

Motitas oscuras

Los ojos han evolucionado para funcionar bien durante el día. Sin embargo, durante el 10 % del tiempo que estás despierto, no ves nada. Esto ocurre cuando parpadeas, ¡algo que haces más de 900 veces por hora! Tu cerebro llena estos vacíos, por lo que normalmente no los notas.

¡Parpadeas más de 12 500 veces al día!

Capa de invisibilidad

Los científicos están trabajando en formas de hacer invisibles a las personas. Una idea es utilizar un tejido que absorba la luz. Si te taparas con una capa de este tejido, la luz no rebotaría en ti y, por lo tanto, la gente no te vería.

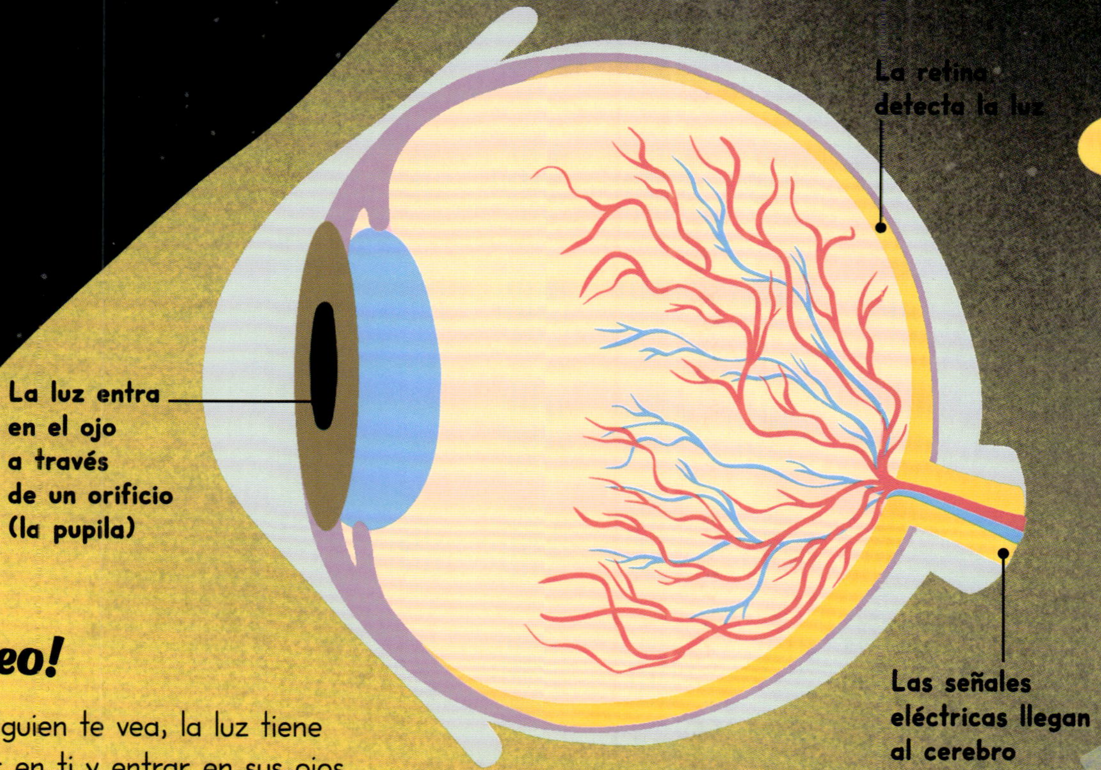

La retina detecta la luz

La luz entra en el ojo a través de un orificio (la pupila)

Las señales eléctricas llegan al cerebro

¡Veo, veo!

Para que alguien te vea, la luz tiene que rebotar en ti y entrar en sus ojos. En la parte posterior de cada ojo hay un receptor de luz curvado, llamado retina. Algunas células de la retina reaccionan a la más mínima cantidad de luz, pero no nos permiten ver en color. Se llaman «bastones». Otras, llamadas «conos», solo funcionan bien cuando hay mucha luz. ¡Pero nos permiten ver UN MILLÓN de colores distintos!

¿La respuesta?

Ahora mismo solo hay dos formas de volverte invisible: procurar que NO haya luz alrededor o hacer que los demás cierren los ojos.

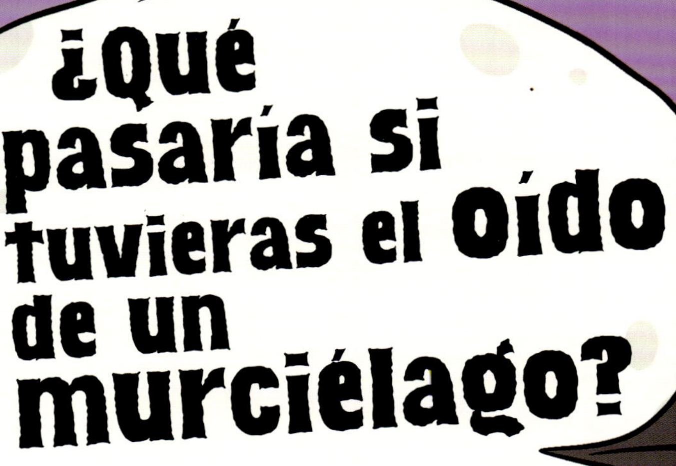

¿Qué pasaría si tuvieras el oído de un murciélago?

¿Cuál es el sonido más agudo que se te ocurre? ¿El ulular de una sirena? ¿El canto de un pájaro? ¿El grito de tu profe cuando le cuentas lo que le pasaría si te quitaras toda la piel? Los murciélagos, los perros y los gatos pueden oír sonidos aún más agudos que esos. Si tú también pudieras, ¿cómo sería tu vida?

¡Una especie de rana que vive en Brasil grita en ultrasonidos para ahuyentar a los depredadores!

Sonidos y mascotas

Los sonidos que los seres humanos podemos oír se llaman…, redoble de tambores…, «sonidos». Los sonidos que son demasiado bajos para oírlos se llaman «infrasonidos». Los sonidos que son demasiado altos son «ultrasonidos». Los perros y los gatos pueden oír algunos ultrasonidos, pero los murciélagos pueden oír ultrasonidos muy altos, mucho más que cualquier mascota.

Cháchara de murciélagos

Muchos murciélagos se comunican mediante ultrasonidos. Otros animales también lo hacen. Las crías de ratón, por ejemplo. Los perros y los gatos pueden oír estos sonidos porque sus antepasados evolucionaron para cazar y comer roedores. Los murciélagos que utilizan ultrasonidos también los usan para orientarse de noche. Emiten un sonido y escuchan los ecos que rebotan en los objetos que les rodean.

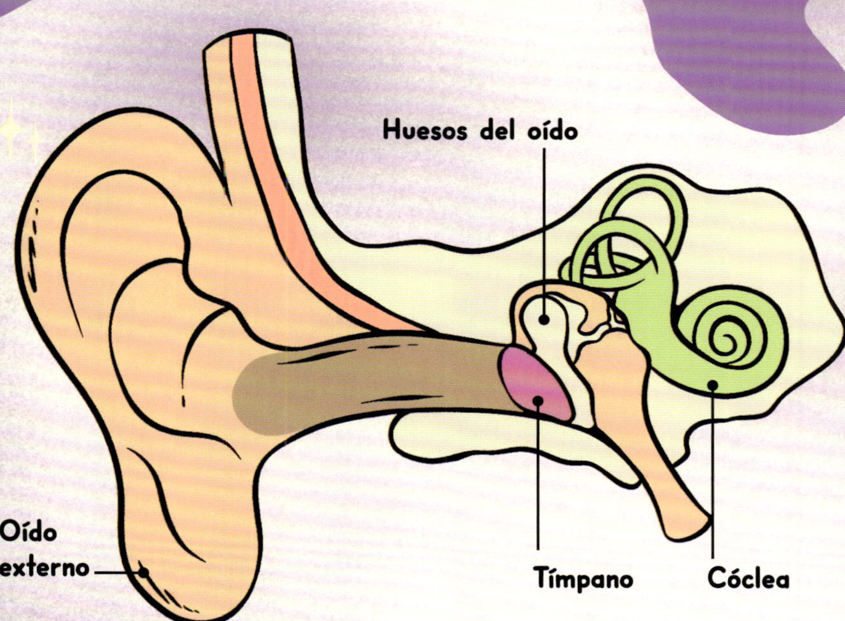

Orejas peludas

Cuando las ondas sonoras entran en tu oído, golpean el tímpano, lo que hace vibrar tres huesos diminutos.
Estas vibraciones pasan luego a un tubo en forma de espiral, llamado cóclea. Dentro de la cóclea hay células auditivas peludas. Cuando las vibraciones doblan esos pelillos, las células envían señales al cerebro y oyes algo. Los sonidos graves doblan los pelos de la parte superior. Los sonidos agudos doblan los de la parte inferior. En los murciélagos que utilizan ultrasonidos, la zona peluda de la parte inferior de la cóclea es muy sensible.

¡Los gritos fuertes, y hasta un canto muy agudo, pueden romper cristales!

¿La respuesta?

¡El mundo sonaría muy diferente! Podrías oír sonidos muy agudos, no solo de los murciélagos, sino también de las crías de ratón, delfines y algunas ballenas, ¡por no hablar de ranas preocupadas!

¿Ñam o puaj?

El sabor te dice qué puedes tragar y qué deberías escupir. Con la evolución, degustamos el azúcar porque es una fuente de energía rápida y fácil. En teoría, es algo bueno. Sin embargo, un sabor amargo puede significar VENENO. Aunque sea confuso, algunos alimentos, como el brócoli, también pueden tener un sabor amargo, ¡pero son la mar de saludables!

¿Qué pasaría si no pudieras sentir el sabor del azúcar?

Imagina darle un mordisquito a una fresa jugosa o a un trozo de tarta y que no sepa dulce. Pues eso es lo que pasaría si no pudieras saborear el azúcar. Pero ¿por qué lo degustamos, por qué a tantos nos encanta y qué pasaría si los alimentos dejaran de saber dulce?

Sobrecarga de azúcar

A los seres humanos nos encanta el sabor del azúcar. Cuando nuestros antepasados encontraban alimentos ricos en azúcar, sobre todo frutas, les venía muy bien ingerir toda esa energía. Sin embargo, no había pastelerías ni supermercados. Hoy en día, la mayoría consumimos demasiado azúcar porque a) nos encanta el sabor y b) está presente en MUCHOS alimentos que encontramos con facilidad.

ÁCIDO

AMARGO

DULCE

Los cinco sabores

Hay cinco sabores básicos. Dulce (del azúcar), ácido (de la vitamina C de la fruta, por ejemplo, o del yogur), amargo (el brócoli y la col tienen un sabor amargo para la mayoría de las personas), salado (¡de la sal!) y umami (que es el sabor rico e intenso de la carne, los tomates y las setas). Ahora, saca la lengua, ¡delante de un espejo, no delante del profe! ¿Ves esos bultitos diminutos? Contienen las «papilas gustativas», que son grupitos de células gustativas. Cada célula gustativa responde a uno de los cinco sabores básicos, como el dulce. Las células gustativas también están repartidas por el interior de la boca y la parte posterior de la garganta.

SALADO

UMAMI

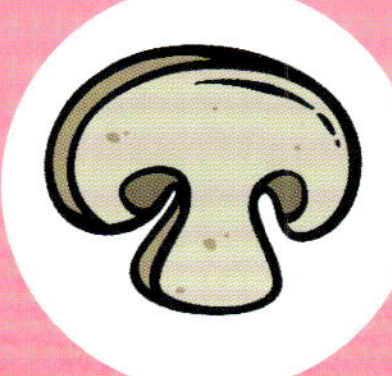

¿La respuesta?

Los alimentos y bebidas azucarados ya no tendrían ese sabor dulce, por lo que no serían tan ricos. Pero gracias a eso seguramente no comerías tanto azúcar.

Clases de olfateo

Unos científicos estadounidenses rociaron con aroma a chocolate una línea zigzagueante por un campo. Después, pidieron a voluntarios con los ojos vendados que se pusieran a cuatro patas e intentaran seguir el rastro con el olfato. La mayoría lo consiguió o aprendió rápidamente a hacerlo.

Los humanos podemos oler cerca de un billón de olores distintos.

¿Qué pasaría si tuvieras el olfato de un perro?

A los perros se les conoce por su excelente olfato. Saben identificar a otro perro con solo oler su orina. Y pueden seguir el rastro de olores que han dejado personas a kilómetros de distancia. Pero si te pusieras a cuatro patas, con la nariz pegada al suelo, te sorprendería lo que podrías hacer...

Agudiza el olfato

Cuanto más uses el sentido del olfato, más lo desarrollarás. Haz la prueba: huele tantos objetos como puedas cuando andes por casa. ¡Incluidos los que huelen mal! ¿Cuántos puedes contar?

SE HIZO UN ESTUDIO CON PERSONAS DE TODO EL MUNDO Y SALIÓ QUE LA VAINILLA Y LOS MELOCOTONES SON LOS OLORES FAVORITOS... Y QUE EL OLOR A PIES SUDADOS ES EL PEOR.

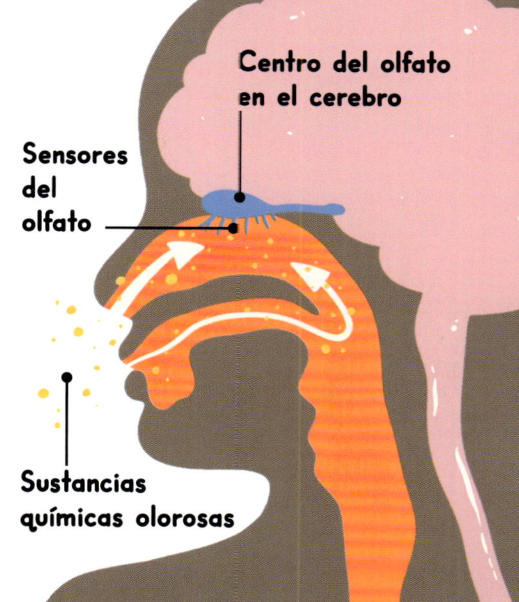

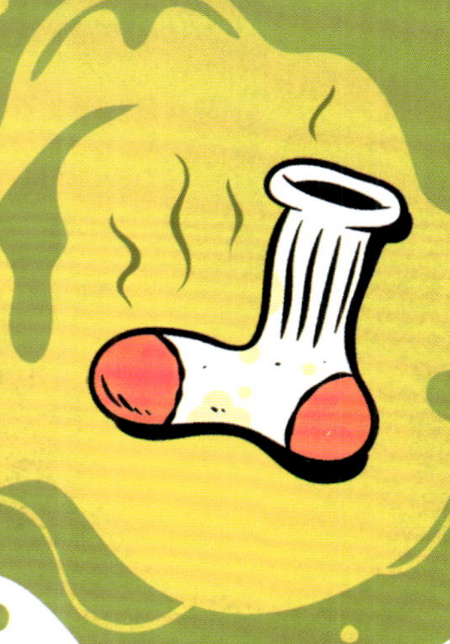

De la nariz al cerebro

Para que puedas oler algo, las sustancias químicas deben viajar por el aire hasta los sensores situados en la parte superior de la nariz. Tienes alrededor de 400 tipos de sensores olfativos. Según el patrón de señales que envían al cerebro, sabes si estás oliendo un melocotón maduro o unos pies sudados.

¿La respuesta?

La nariz humana es muy muy buena. ¡Y seguramente sería raro tener la nariz húmeda de un perro!

Un sentido primigenio

En su forma más básica, el tacto te dice dónde termina tu cuerpo y dónde comienza el resto del mundo. Esta forma de tacto se desarrolló en las primeras formas de vida de la Tierra. Hoy en día, todos los seres vivos, incluidas las bacterias y el musgo, notan cuando están en contacto con otra cosa.

¿Qué pasaría si no pudieras tocarte los dedos de los pies?

No porque el cuerpo no sea lo bastante flexible. Pero ¿qué pasaría si te agacharas y los dedos de las manos tocaran los dedos de los pies, pero no sintieras nada? ¿O si dieras un paso, pero el pie no notara el suelo? No valoramos el tacto, pero ¿cómo sería la vida sin él?

Fantásticas falanges

Notas las cosas con los sensores táctiles de la piel. La piel del pecho y la espalda tiene 100 veces menos sensores por centímetro cuadrado que la piel de las yemas de los dedos. Prueba a pasar la punta de un lápiz por la yema de un dedo y luego por la espalda. Ya verás qué diferencia.

Poco sensible ↔ Muy sensible

El trío del tacto

El tacto se compone de un grupo de tres sentidos. El tacto por presión te indica cuando algo está en contacto contigo. Puede ser la yema de un dedo, la ropa o una araña. El tacto por vibración te indica, con los ojos cerrados, si estás pasando la yema de los dedos por cristal, seda, madera o incluso un gusano. El tacto emocional es el tacto lento y cálido de otra persona. Este tipo de tacto le dice a un bebé recién nacido que está a salvo. Pero a medida que crecemos, la mayoría seguimos añorándolo.

Sin el tacto, tendrías que fiarte de la vista para caminar o sentarte.

Imagina escribir con un lápiz si no pudieras notarlo.

¿La respuesta?

Si perdieras la capacidad de tocar, la vida sería muy difícil. Te costaría incluso coger la comida sin que se te cayera. ¡Y no podrías notar un abrazo ni unas cosquillas!

¿Qué pasaría si nunca sintieras dolor?

¡Imagina cómo sería! Podrías pisar una piedra punzante y seguir andando como si nada, en lugar de gritar de dolor. O te caerías en el recreo y te rasparías las rodillas, pero volverías a jugar al instante. No sentir dolor suena fantástico, ¿verdad?

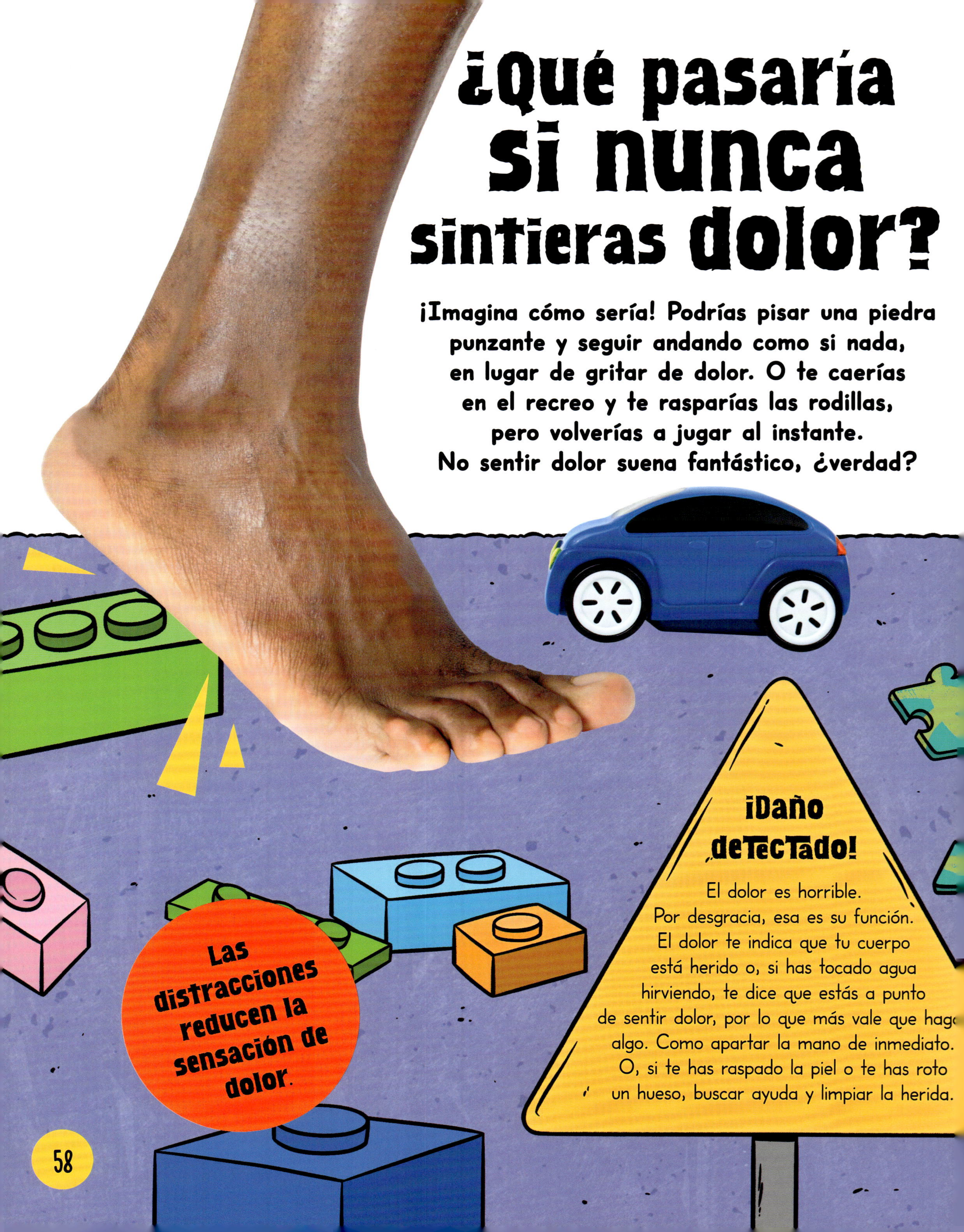

¡Daño detectado!

El dolor es horrible. Por desgracia, esa es su función. El dolor te indica que tu cuerpo está herido o, si has tocado agua hirviendo, te dice que estás a punto de sentir dolor, por lo que más vale que hagas algo. Como apartar la mano de inmediato. O, si te has raspado la piel o te has roto un hueso, buscar ayuda y limpiar la herida.

Las distracciones reducen la sensación de dolor.

Detección del daño

¿Qué ocurre cuando sientes dolor? En primer lugar, se activa un «sensor de daño» en tu cuerpo. Tienes varios tipos. Reaccionan al calor intenso y al frío extremo, a las sustancias químicas nocivas (como los ácidos fuertes) y al daño físico (como los golpes, los apretones o los aplastamientos). Cuando estos sensores se activan, envían señales al cerebro y sientes dolor. Esta desagradable sensación hace que apartes el cuerpo del origen en el momento, sin tener que pensar en ello. Esto te ayuda a mantenerte sano y salvo.

¿La respuesta?

No poder sentir dolor suena bien, sí, pero sería fatal..

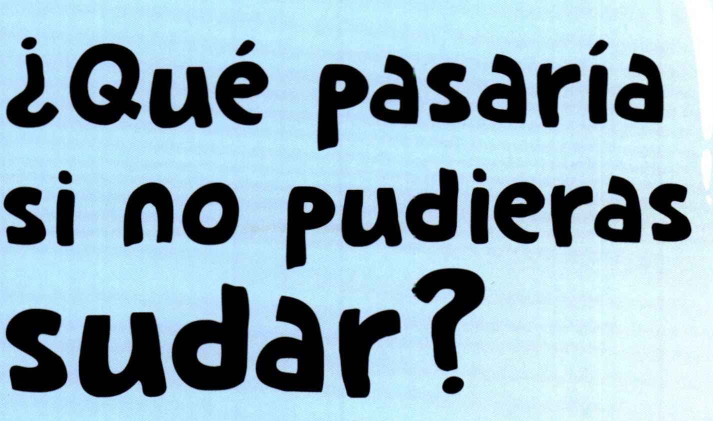

¿Qué pasaría si no pudieras sudar?

Se acabó el chándal húmedo y pegajoso. Se acabó el sudor salado que te pica en los ojos. No poder sudar tendría ventajas, pero si crees que también podría haber algunas desventajas, tienes toda la razón. De hecho, ¡unas bastante horribles!

El interruptor del sudor

Una de las tareas fundamentales del cerebro es mantener la temperatura corporal en torno a los 37 °C. Si sube mucho más, o baja mucho más, podrías morir rápido. Cuando la temperatura empieza a subir, el cerebro pulsa el interruptor «¡SUDAR!».

En un día caluroso, o cuando haces mucha actividad, tienes que beber MÁS AGUA, porque la pierdes a través del sudor.

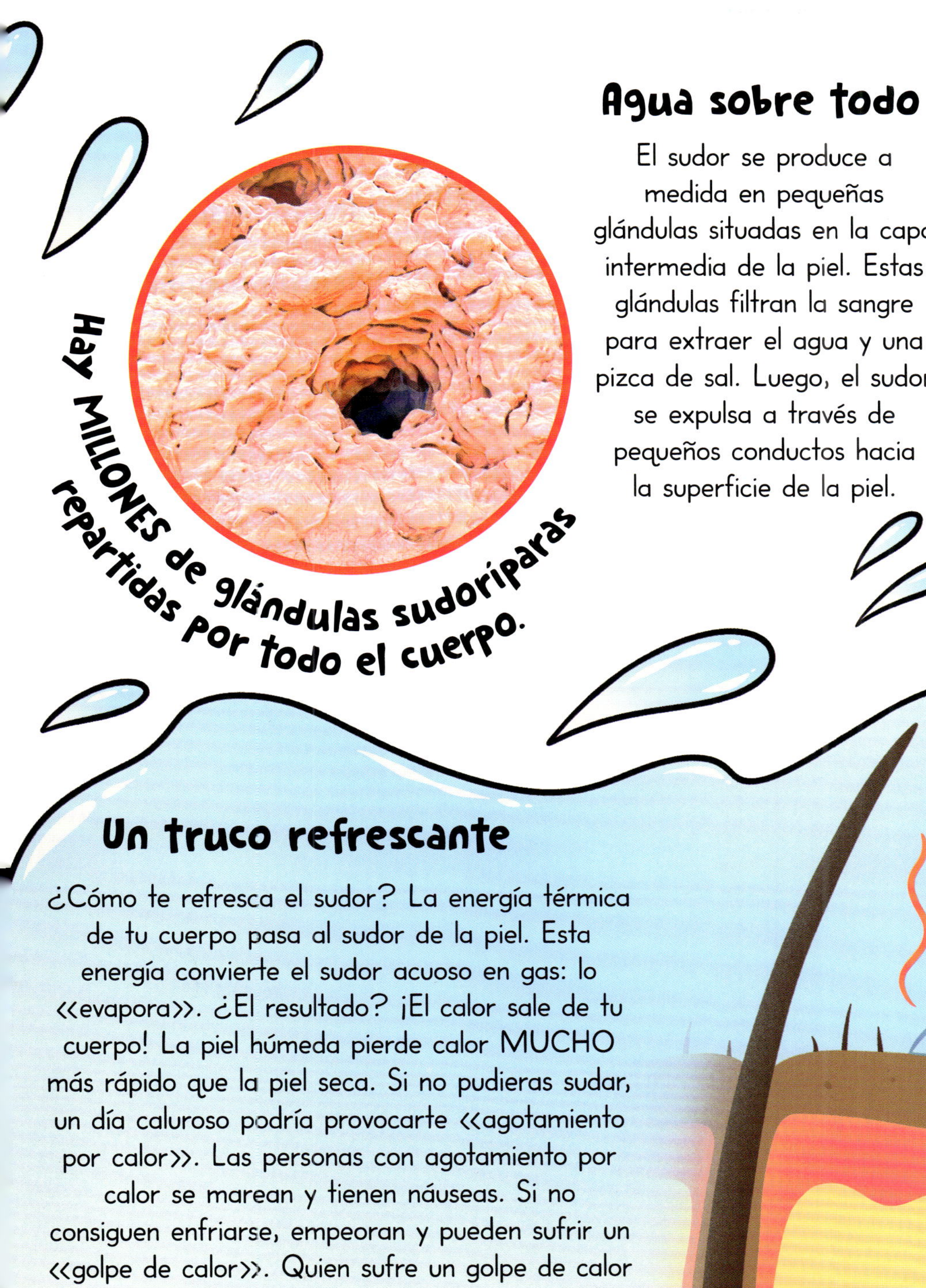

Agua sobre todo

El sudor se produce a medida en pequeñas glándulas situadas en la capa intermedia de la piel. Estas glándulas filtran la sangre para extraer el agua y una pizca de sal. Luego, el sudor se expulsa a través de pequeños conductos hacia la superficie de la piel.

Un truco refrescante

¿Cómo te refresca el sudor? La energía térmica de tu cuerpo pasa al sudor de la piel. Esta energía convierte el sudor acuoso en gas: lo «evapora». ¿El resultado? ¡El calor sale de tu cuerpo! La piel húmeda pierde calor MUCHO más rápido que la piel seca. Si no pudieras sudar, un día caluroso podría provocarte «agotamiento por calor». Las personas con agotamiento por calor se marean y tienen náuseas. Si no consiguen enfriarse, empeoran y pueden sufrir un «golpe de calor». Quien sufre un golpe de calor ya no puede sudar. Sin ayuda urgente, podría perder el conocimiento y morir.

¿La respuesta?

Aunque tendrías que lavar menos ropa, no poder sudar sería muy muy malo.

Escuela nocturna

No parece que hagas gran cosa mientras duermes, ¿verdad? Pero, en realidad, el cerebro está muy ocupado procesando los recuerdos del día. Dormir te ayuda a recordar cosas y a mejorar en nuevas tareas físicas, ya sea montar en bicicleta o hacer malabares con peras. ¡Lo que más te guste, vaya!

¿Qué pasaría si no durmieras nunca?

Los médicos dicen que los niños de tu edad deben dormir unas 10 horas cada noche. ¡10 horas! Piensa en todo lo que podrías hacer con ese tiempo si no lo pasaras en la cama. Pero ¿qué pasaría si dejaras de dormir?

Potencia tu cuerpo

Dormir bien y sin interrupciones es bueno para el corazón y para la capacidad del cuerpo de luchar contra los gérmenes y curar heridas. Hasta te ayuda a crecer. Tu cuerpo produce más «hormona del crecimiento», la sustancia química que te hace crecer, mientras duermes a pierna suelta.

Fases del sueño

Hay cuatro fases distintas del sueño.
Cada noche pasas por estas fases varias veces.

Fase 1: Comienzas a dormirte. O, si es más tarde en la noche, es un sueño muy ligero.

Fase 2: Una fase de sueño más profunda. Es importante para ayudar a recordar datos y hechos.

Fase 3: Sueño profundo. El cerebro trabaja reorganizando los recuerdos. También se sueña (aunque suelen ser sueños bastante aburridos).

Fase 4: Sueño REM (siglas en inglés de «movimiento ocular rápido»). ¡Aquí aparecen los sueños más locos! El sueño REM también ayuda a procesar emociones y a mejorar en tareas físicas (como hacer malabares con peras).

Algunos animales duermen mucho más que los humanos: ¡los koalas duermen hasta 20 horas al día!

¿La respuesta?

Una sola noche sin dormir sería perjudicial para ti. Sentirías un cansancio extremo y te costaría recordar cosas. Si dejases de dormir del todo —que sería algo superdifícil—, los científicos creen que morirías.

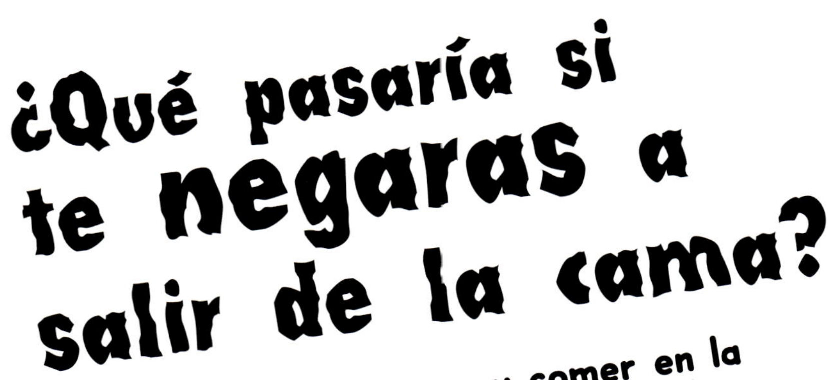

¿Qué pasaría si te negaras a salir de la cama?

Puedes leer en la cama y comer en la cama, e incluso puedes hacer muchos deberes en la cama. Además, si no salieras nunca de la cama, ¡nadie te regañaría por no hacerla! Pero ¿qué le pasaría a tu cuerpo si no te levantaras jamás?

La actividad física también es importante para tu salud mental.

Músculos más débiles

Si no usas los músculos que mueven el cuerpo, se encogen. Esto pasa muy rápido. Tras una semana en cama, los músculos que no se usan pierden hasta un 40% de la fuerza. Es decir, te sentirías débil rápidamente si no te levantaras y te movieras.

Huesos frágiles

Se ha pagado a personas para que pasen 60 y hasta 70 días en cama, solo para que los científicos vean qué le sucede a su cuerpo. Este experimento demuestra que, al igual que los músculos, los huesos de una persona se debilitan cuando no se levanta y se mueve, lo que significa que se rompen con mayor facilidad.

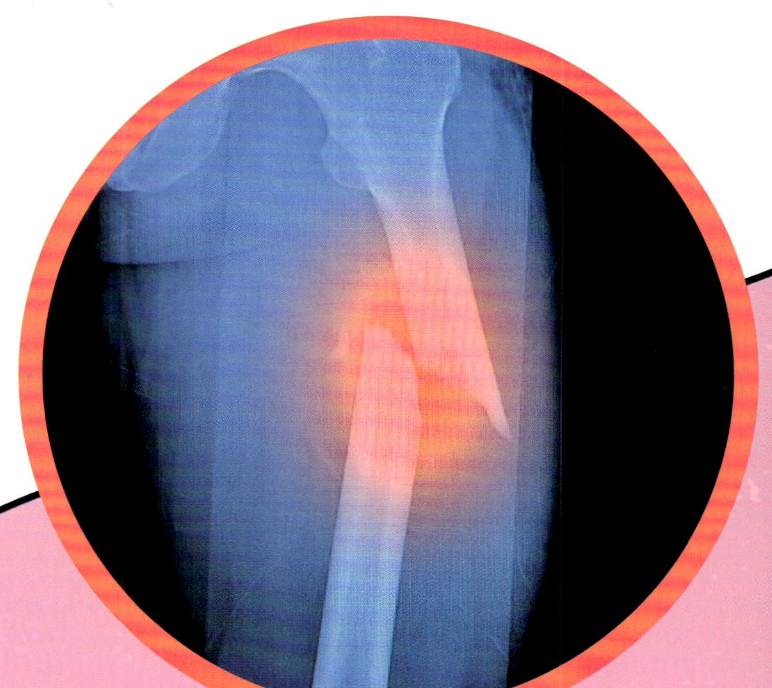

Ejercicios de tonificación

Ejercicios aeróbicos

Ejercicios recomendados

Para estar sanos, los niños deben hacer dos tipos de ejercicio cada semana: ejercicio «aeróbico» y ejercicio «de tonificación». El ejercicio aeróbico activa el corazón y hace que respires más rápido, como cuando corres o lanzas y atrapas una pelota. El ejercicio de tonificación fortalece los músculos y los huesos, como cuando juegas al fútbol, haces gimnasia o incluso cuando saltas. Los médicos dicen que los niños deberían hacer una hora de ejercicio al día, que puede ser moderado o intenso. «Moderado» significa que puedes hablar mientras haces ejercicio, ¡pero no cantar!

¿La respuesta?

No solo te aburrirías de estar en la cama todo el rato, sino que sería malo para tu cuerpo.

UN mes después

Las células de la capa superior de la piel viven unos 30 días y luego se renuevan. Lavarse es fundamental para eliminar las células muertas. Al cabo de un mes sin lavarte, empezarías a ver escamas de piel muerta, como caspa, en la piel. Y notarías un cambio en tu olor.

Pelo graso

Si dejaras de lavarte el pelo, al principio solo sería menos suave. Eso se debería a la acumulación de células muertas en las raíces. Luego, se volvería cada vez más graso y enmarañado. A los seis meses, parecería que llevara pegamento encima.

El lavado elimina las bacterias y los ácaros que viven en la piel.

¿Qué pasaría si no volvieras a lavarte nunca más?

Los adultos no dejan de insistir para que te duches y te bañes. Pero si dejases de lavarte, ¿se complicarían mucho las cosas? Bueno, al cabo de una semana, tendrías la piel algo grasa, pero estarías bien. Sin embargo, si pasases más tiempo sin lavarte, todo empezaría a cambiar.

Las bacterias pueden crecer en la piel si no te lavas.

SEIS meses después

La acumulación de piel muerta dificultaría la pérdida de calor corporal, así que sentirías más calor. Además, las bacterias, los hongos y los ácaros de la piel se habrían multiplicado hasta tal punto que causarían infecciones cutáneas e incluso llagas. Si estas bacterias llegaran a la sangre, provocarían infecciones muy graves.

¿La respuesta?

Por saltarse alguna ducha o baño no pasa nada. Pero si no te lavas durante seis meses, las llagas abiertas podrían permitir la entrada de bacterias dañinas en tu organismo, lo que sería muy perjudicial.

¿Qué pasaría si cayeras en un campo de cactus?

A ver, lo primero sería salir por patas de allí lo antes posible. Y necesitarías ayuda para curarte los cortes y arañazos causados por esas espantosas espinas puntiagudas. Pero la buena noticia es que el increíble equipo médico que tu cuerpo lleva incorporado, tu «sistema inmunitario», ya se habrá puesto manos a la obra.

¡Las espinas de los cactus pueden medir hasta 30 cm de largo!

Tareas vitales

El sistema inmunitario se encarga de mantener el cuerpo sano. Está formado por células especializadas, sustancias químicas y algunos órganos, como las amígdalas. Cumple estas funciones fundamentales:

- Impide que entren en el cuerpo invasores dañinos, como bacterias y virus.
- Ataca y elimina los gérmenes que consiguen entrar.
- Contribuye a la cicatrización de heridas.

Reacción y reparación

Si te pincharas con un cactus, tendrías que procurar que no te quedara ninguna espina en la piel. Si así fuera, habría que sacarla. Entonces, pasaría lo siguiente:

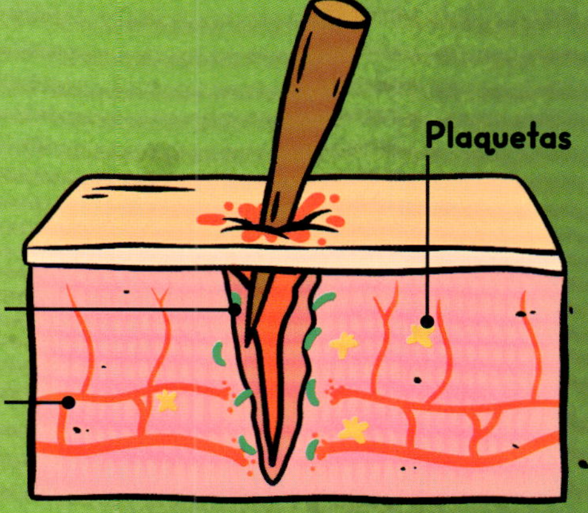

FASE 1: Las células sanguíneas llamadas plaquetas acuden rápidamente a la zona dañada y forman una costra. También dan la alarma.

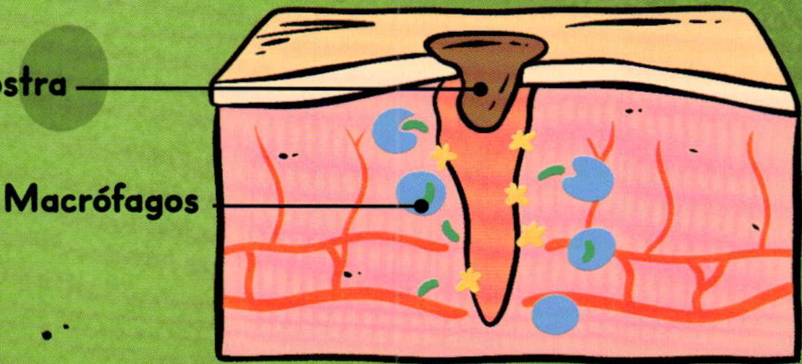

FASE 2: Las células inmunitarias acuden en masa para atacar a las bacterias dañinas que han entrado por el corte. Esto hace que la zona se hinche y se enrojezca (lo que se denomina inflamación). Las células llamadas «macrófagos» devoran y eliminan las bacterias y las células dañadas.

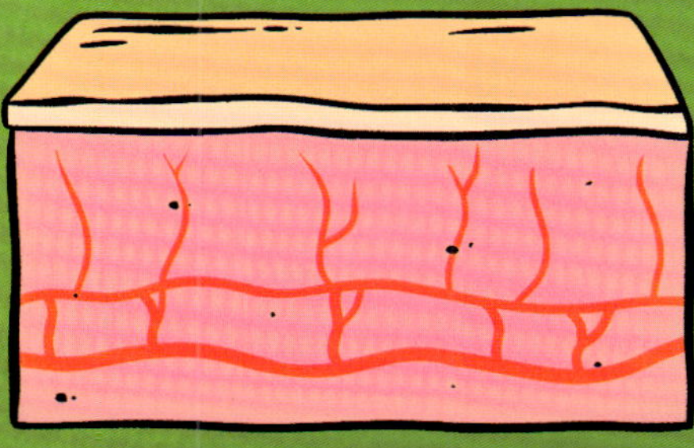

FASE 3: Por último, la piel vuelve a crecer para cerrar la herida y se desprende la costra. Y aquí no ha pasado nada.

Refuerzo inmunitario

Para un sistema inmunitario fuerte, tienes que: comer alimentos nutritivos, incluyendo mucha fruta y verdura; dormir lo suficiente y hacer ejercicio, y también lavarte las manos con agua y jabón antes de comer y después de ir al baño. Así eliminarás las bacterias y los virus, y tu sistema inmunitario tendrá que vérselas con menos gérmenes.

¿La respuesta?

Aunque es posible que necesites ayuda, tu sistema inmunitario ya se habrá puesto en marcha.

Glosario

Alergia: cuando tu cuerpo reacciona de forma exagerada a algo, como un alimento, el polen o el pelo de un animal, y provoca síntomas desagradables, como picor, estornudos o dificultad para respirar.

Arteria: vaso sanguíneo que lleva la sangre desde el corazón a todas las partes del cuerpo.

Articulación: lugar donde se unen dos o más huesos, como en la rodilla, lo que permite que el esqueleto se mueva.

Azúcar: tipo de carbohidrato que se encuentra en alimentos como la fruta y el chocolate, que tiene un sabor dulce y proporciona energía rápida.

Bacteria: ser vivo diminuto. Algunas bacterias pueden enfermarte, pero otras son útiles y descomponen los alimentos en el intestino.

Bilis: líquido amarillento producido por el hígado que ayuda al cuerpo a descomponer la grasa de los alimentos.

Capilar: vaso sanguíneo diminuto que transporta oxígeno y nutrientes a las células y elimina los desechos de estas.

Carbohidrato: tipo de nutriente en alimentos como el pan y la pasta y que da energía al cuerpo.

Célula: parte más pequeña de un ser vivo. Las células son los diminutos bloques que forman tu cuerpo.

Dióxido de carbono: gas que producen las células al consumir oxígeno. Lo expulsas por los pulmones.

Fibra: parte de algunos alimentos, como las frutas y verduras, que no puedes digerir.

Germen: organismo diminuto, como una bacteria o un virus, que causa enfermedades o infecciones.

Glándula: pequeña parte del cuerpo que produce sustancias importantes, como el sudor.

Glóbulo blanco: tipo de célula que forma parte de la sangre y que combate los gérmenes, evita que enfermes y te ayuda a recuperarte en caso de enfermedad.

Glóbulo rojo: tipo de células que forma parte de la sangre y transporta oxígeno a todas las partes del cuerpo.

Grasa: tipo de nutriente que se encuentra en alimentos como la mantequilla o los frutos secos y que da energía al cuerpo. Las reservas de grasa bajo la piel también te mantienen caliente.

Hemoglobina: parte de los glóbulos rojos que transporta el oxígeno.

Hueso: una de las muchas partes duras del cuerpo que forman el esqueleto. Te ayudan a moverte y protegen tus órganos importantes.

Infección: cuando los gérmenes entran en el cuerpo y te enferman, como un resfriado o un dolor de garganta.

Mineral: sustancia natural, como el calcio o el hierro, que el cuerpo necesita para crecer y ser fuerte.

Músculo: una de las muchas partes elásticas del cuerpo que mueven los huesos y hacen funcionar otros órganos.

Nutrientes: partes importantes de los alimentos, como las proteínas y las vitaminas, que ayudan al cuerpo a crecer y estar sano.

Órgano: parte especial del cuerpo, como el corazón o los pulmones, que desempeña una función importante para mantenerte con vida.

Oxígeno: gas que respiras y que el cuerpo necesita para producir energía.

Plaqueta: pequeña parte de la sangre que ayuda a detener el sangrado formando costras cuando te haces un corte.

Proteína: tipo de nutriente que se encuentra en alimentos como la carne, los huevos y las legumbres, y que ayuda a desarrollar los músculos y a reparar el cuerpo.

Queratina: tipo de proteína que se encuentra en el pelo, las uñas y la piel y que los hace resistentes y saludables.

Sustancia química: una de las muchas sustancias que pueden cambiar de aspecto o combinarse con otras sustancias químicas. La sal, el agua y el oxígeno son ejemplos de sustancias químicas.

Válvula: compuerta del corazón o las venas que hace que la sangre fluya en la dirección correcta.

Vaso sanguíneo: tubito que transporta la sangre por todo el cuerpo. Las arterias, las venas y los capilares son tipos de vasos sanguíneos.

Vena: vaso sanguíneo que lleva la sangre desde el cuerpo hasta el corazón.

Virus: germen diminuto que te hace enfermar. Los resfriados y la gripe están causados por virus.

Vitamina: tipo de nutriente que se encuentra en los alimentos, como la vitamina C en las naranjas y las manzanas, y que mantiene el cuerpo sano.

Index

AGRADECIMIENTOS

Texto: Emma Young
Ilustraciones: Super Freak
Edición sénior: Olivia Stanford
Edición de arte del proyecto: Sonny Flynn
Coordinación de cubierta: Elin Woosnam
Edición general de arte: Diane Peyton Jones
Edición de producción: Gillian Reid
Control de producción sénior: Inderjit Bhullar
Coordinación editorial: Gemma Farr
Dirección de arte: Mabel Chan
Asesoramiento: Dr Kristina Routh

Primera edición publicada en Gran Bretaña
en 2025 por Dorling Kindersley Limited
20 Vauxhall Bridge Road, London SW1V 2SA
Parte de Penguin Random House

De la edición en español:
Traducción: Scheherezade Surià
Corrección: Manuel Barroso
Maquetación y composición: JuanStudio
Lettering de cubierta: Miguel Ángel Mazón
Coordinación de proyecto: Lakshmi Asensio
Dirección editorial: Elsa Vicente

Título original: *What If... You Didn't Make Snot?*
Primera edición: Abril 2026

004–348780–Abr/2026

ISBN: 979-8-2171-3560-8

Impreso y encuadernado en China

www.dkespañol.com

Este libro se ha impreso con papel certificado por el Forest Stewardship Council™ como parte del compromiso de DK por un futuro sostenible.
Para más información, visita www.dk.com/uk/ information/ sustainability

<<Para Stelios, Konstantina, Rishan, Romir y Nina>>. Emma

DK quiere dar las gracias a las siguientes personas por su ayuda en la redacción de este libro: a Charlotte Jennings por el diseño, a Kathleen Teece y Anna Bonnerjea por la corrección y a Carron Brown por el índice.

El editor quiere agradecer a las siguientes personas por su autorización para reproducir sus fotografías: (Leyenda: a - arriba; b - abajo/al pie; c - centro; l - lejos; i - izquierda; d - derecha; s - parte superior)

4 Alamy Stock Photo: Cody Duncan (si); Hanna Kuprevich (bd). **5 Alamy Stock Photo:** Jure Gasparic (sc). **7 Alamy Stock Photo:** Rebecca Smeeth (sd). **8 Getty Images / iStock:** DigitalVision / Sally Anscombe (cb). **9 Shutterstock.com:** Mr.Teerapong Kunkaeo (sc). **10 Alamy Stock Photo:** Meyntjens Jean Paul (ci, sd); Rimom (cda). **11 Adobe Stock:** Artur (sd). **Alamy Stock Photo:** Meyntjens Jean Paul (cd). **12 Dreamstime.com:** Natalia Golovina (cbd). **14 Dreamstime.com:** Isselee (b). **15 Dreamstime.com:** Clara Bastian (sd). **16 Alamy Stock Photo:** S.C.Peeps (cb). **Getty Images / iStock:** RusN (i). **16-17 Dreamstime.com:** Sam74100 (bc). **17 Shutterstock.com:** Denklim (si). **18-19 Dreamstime.com:** Jan Pokorn / Pokec (s). **19 Dreamstime.com:** Anna Komisarenko (sd). **20 Alamy Stock Photo:** Aleksandr Papichev (bd). **Getty Images / iStock:** Tom Merton / OJO Images (sc). **22 Alamy Stock Photo:** Blickwinkel / Teigler (c). **23 Adobe Stock:** Deagreez (bi). **Alamy Stock Photo:** Stocktrek Images, Inc. / Todd Winner (sd). **24 Getty Images / iStock:** E+ / ExperienceInteriors (si). **25 Adobe Stock:** Hjschneider (sc). **Alamy Stock Photo:** Phil Degginger (sd); imageBROKER.com GmbH & Co. KG / Andrey Nekrasov (bi). **26 Shutterstock.com:** Woravit Thongpolyos (cb). **28 123RF.com:** Leonello Calvetti (bi). **Depositphotos Inc:** Rost9 (si). **31 Alamy Stock Photo:** Stockimo / Megspics (si). **32 Alamy Stock Photo:** Scenics & Science (si). **Dreamstime.com:** Prochasson Frederic (cd). **35 Alamy Stock Photo:** RooM the Agency / Darekm101 (sd). **36 Alamy Stock Photo:** Juniors Bildarchiv GmbH / Giel, O. / juniors@wildlife (c). **38 Dreamstime.com:** Diego Vito Cervo (b). **40 Alamy Stock Photo:** Andrey Elkin (d); Zoonar GmbH / Tetiana Troichenko (cb); Tetiana Troichenko (bd). **41 Alamy Stock Photo:** Bokehcambodia (cib); imageBROKER.com GmbH & Co. KG / I. Schulz (si); Zoonar GmbH / Tetiana Troichenko (cia). **42 Alamy Stock Photo:** Andrey Kuzmin (sd). **43 Depositphotos Inc:** Hanohiki (si). **44 Dreamstime.com:** Rawf88 (cda). **45 Adobe Stock:** Axel Kock (sd). **46 Adobe Stock:** Ulianna19970 (bi). **48 Dreamstime.com:** Sorapop Udomsri (bc). **50 Depositphotos Inc:** Deagreez1 (bd). **Shutterstock.com:** Eduardo Menezes (sd). **51 Alamy Stock Photo:** Rick & Nora Bowers (sd). **52-53 123RF.com:** Fotomaximum (bc). **53 Alamy Stock Photo:** Tim Gainey (si). **54 Alamy Stock Photo:** Lisa de Araujo Food Photography (sc). **Dreamstime.com:** Lars Christensen (bi). **57 Adobe Stock:** HalynaRom (cib). **58 123RF.com:** Tatiana Popova / Violin (ca). **Shutterstock.com:** Gravicapa (si). **59 Shutterstock.com:** Photo-Art Jo (si). **60-61 Getty Images / iStock:** Moment / Anna Cinaroglu (bc). **61 Depositphotos Inc:** Animaxx3d (si). **Shutterstock.com:** Piboon Chiantanrak (sd). **62 Getty Images / iStock:** E+ / Hispanolistic (si). **62-63 Depositphotos Inc:** Nordseegold (bc). **64 Getty Images / iStock:** PeakSTOCK (sd). **65 Adobe Stock:** Praisaeng (sd). **66 Dreamstime.com:** Mariia Boiko (sd). **Science Photo Library:** Power and Syred (ci). **68 123RF.com:** Alfio Scisetti (i). **69 Dreamstime.com:** Serg_Velusceac (sd)

Todas las demás imágenes © Dorling Kindersley Limited.